AUTOR:

DENIS SILVA PUIG

EL SEGUNDO ENTRENADOR DE FÚTBOL

Dos ámbitos diferentes: fútbol profesional y fútbol base

©Copyright: "Autor"
©Copyright: De la presente Edición, Año 2017 WANCEULEN EDITORIAL
©Copyright: Fotografía de la portada © FC BARCELONA, 2018/ AUTOR: Miguel Ruiz

Título: EL SEGUNDO ENTRENADOR DE FÚTBOL. DOS ÁMBITOS DIFERENTES: FÚTBOL PROFESIONAL Y FÚTBOL BASE

Autores: DENIS SILVA PUIG
Autora foto contraportada: Noelia Déniz

Editorial: WANCEULEN S.L.
Sello Editorial: WANCEULEN EDITORIAL DEPORTIVA
Colección: WANCEULEN FÚTBOL FORMATIVO

ISBN (Papel)): 978-84-9993-615-4
ISBN (Ebook): 978-84-9993-616-1

Impreso en España. 2017.

WANCEULEN S.L.
C/ Cristo del Desamparo y Abandono, 56 - 41006 Sevilla
Dirección web: www.wanceuleneditorial.com y www.wanceulen.com
Email: info@wanceuleneditorial.com

Reservados todos los derechos. Queda prohibido reproducir, almacenar en sistemas de recuperación de la información y transmitir parte alguna de esta publicación, cualquiera que sea el medio empleado (electrónico, mecánico, fotocopia, impresión, grabación, etc), sin el permiso de los titulares de los derechos de propiedad intelectual. Cualquier forma de reproducción, distribución, comunicación pública o transformación de esta obra solo puede ser realizada con la autorización de sus titulares, salvo excepción prevista por la ley. Diríjase a CEDRO (Centro Español de Derechos Reprográficos, www.cedro.org) si necesita fotocopiar o escanear algún fragmento de esta obra.

Agradezco a todas las personas que me han ayudado, sobre todo a mis padres, a mi hermano y a Lydia.

DENIS SILVA PUIG

Nacido en Barcelona (1982), jugó en todas las categorías del Fútbol Base del Club Gimnàstic de Tarragona hasta los dieciocho años, cuando empieza la licenciatura de Ciencias de la Actividad Física y el Deporte en el INEFC Lleida (2000). Combina sus estudios entrenando a Benjamines de la UE Lleida y jugando a fútbol en equipos regionales (CD Mequinenza y CF Ascó), incluso ejerciendo de preparador físico y jugador a la vez. No sin acabar la carrera, publica un artículo titulado "Entrenamiento Integrado de la Potencia Aeróbica Máxima en el fútbol" (2005).

A los veintiún años tras una lesión decide pasarse a los banquillos: tres temporadas como entrenador de cadetes e infantiles del Nàstic de Tarragona. Aprovecha para titularse como Entrenador Nacional de Fútbol en Melilla el verano del 2007 y para redactar su segundo artículo: "Estilos de entrenamiento y grado de satisfacción en jugadores de fútbol base" (2009).

La temporada 2008/09 decide dejar su trabajo de profesor de Educación Física, coordinador de cadetes-infantiles y entrenador del Infantil "A" del Nàstic, empezando una nueva etapa en Madrid para realizar su Tesis Doctoral. Dedica dos años a estudiar las Acciones a Balón Parado del primer equipo del Getafe C.F. S.A.D., primero con el staff técnico con Víctor Muñoz y después con Míchel González. A su vez ocupa las tardes trabajando como técnico de la Fundación Atlético de Madrid dirigida por Milinko Pantic e impartiendo clases en la Escuela Nacional de Entrenadores de Fútbol de Madrid. La temporada 2010/11 vuelve a su ciudad natal aceptando una oferta para entrenar el Infantil "B" del FC Barcelona.

Ya como entrenador de *La Masia* blaugrana se doctora en Pedagogía defendiendo su Tesis *"Práxis de las Acciones a Balón Parado en fútbol. Revisión conceptual bajo las teorías de la Praxiología Motriz"* (2011) con nota *Summa Cum Laude* por la Universitat Rovira i Virgili de Tarragona.

Tras dos temporadas en el Infantil "B" y tres más en el Infantil "A" del FC Barcelona, empieza su carrera como segundo entrenador en el Juvenil "B" de Quique Álvarez. Estos años sigue formándose y obtiene en La Ciudad del Fútbol de las Rozas el título de Entrenador de Fútbol UEFA PRO (2012) y el Master Profesional en Alto Rendimiento en Deportes de Equipo en el INEFC Barcelona (2016).

ÍNDICE

PRÓLOGO 11

INTRODUCCIÓN 13

PARTE I: EL SEGUNDO ENTRENADOR DE FÚTBOL PROFESIONAL 17

    Método de investigación: La entrevista 19
    Qué es un entrenador y un segundo entrenador de fútbol
    profesional 29
    Relación con el primer entrenador 45
    Ex futbolistas y no ex futbolistas 57
    Primeras experiencias 65
    Autopercepción 73
    Preocupaciones, presión, angustia 77
    Mayores satisfacciones 83
    Comunicación con los jugadores 87
    Relación profesional con la prensa 97
    Sesiones de entrenamiento 101
    Partidos 107
    Tecnología: Análisis de vídeo 119
    Acciones a Balón Parado (ABP) 125
    Formación continuada 135

PARTE II: EL SEGUNDO ENTRENADOR DE FÚTBOL BASE 141

    El deporte como una "Escuela para la Vida" 143
    El Fútbol Base en España 153
    Qué es un entrenador y un segundo entrenador de
    fútbol base 157
    Rendimiento deportivo del equipo 163
    Seguimiento individualizado del joven jugador 169

REFERENCIAS 185

Nota:
El lector encontrará en este libro expresiones escritas en un solo género con la intención de ofrecer una lectura ágil, evitando de esta manera continuas expresiones como entrenador/a, jugador/a, padre/madre, etc. Sin embargo hacemos referencia a ambos sexos sin pretender ser un lenguaje sexista.

PRÓLOGO

El hacer el prólogo a este magnífico libro de Denis, cuando me lo propuso a través de mi amigo Pere Gratacós <u>(que siempre hace barcelonismo por donde pasa)</u> y Sergio Vallecillo, pensé en la gran responsabilidad que asumía y al mismo tiempo en el honor que suponía el hacerme partícipe de esta obra. Gracias por hacerme sentir ese honor y ser partícipe de la misma. Yo, como tú, soy un enamorado del trabajo con los jóvenes y he sido segundo entrenador durante mucho tiempo en todas las categorías del fútbol español.

No es verdad la creencia que afirma que del segundo no se escriben titulares. La vida nos enseña que los primeros cimentan sus éxitos en sus equipos de trabajo. En este caso la razón es más sólida, detrás del entrenador está la figura del segundo, del preparador físico, del entrenador de porteros... y de todos aquellos que suman para el éxito del conjunto.

¿Por qué estoy convencido de lo anterior? Por la más sencilla de las razones, porque no creo en la individualidad en deportes de equipo.

El libro que nos ocupa hace una profunda reflexión sobre esta figura y concluye en la más importante de las opiniones, el segundo entrenador es el eslabón que hace cadena, que posibilita su solidez y que ayuda a desarrollar el trabajo del conjunto. La individualidad aplicada al fútbol la defiendo en el deportista, en el jugador que pone de relieve su capacidad, pero me alejo de las teorías que solo valoran a la cabeza visible del proyecto.

En el fútbol moderno esta reflexión no tiene discusión. Y voy más lejos, la experiencia me confirma que el éxito del grupo se sustenta en la aportación individual de cada componente.

La realidad que vemos diariamente nos permite observar la importancia del segundo en el desarrollo del trabajo del entrenador. Diría más, el segundo está pendiente de aquellos detalles que pasan desapercibidos, y en mi experiencia he aprendido mucho de mis segundos, que por cierto han llegado a primeros por su valía.

Espero que esta iniciativa que has tenido sirva, al menos, como punto de inflexión para todos aquellos que trabajen a diario en el fútbol y sobre todo les facilite a todos el conocer la labor callada y respetuosa de esa gran figura que es el segundo entrenador.

Gracias por elegirme de entre tantos compañeros para prologar este magnífico libro, y me alegro enormemente que te surgiera la idea cuando viniste a las Jornadas de Re-evaluación de Licencias PRO de UEFA que organizamos en la RFEF. Ahora espero que nuestros compañeros sepan sacar partido de tu magnífico trabajo. Muchas gracias.

Ginés Meléndez Sotos
Director Técnico-Coordinador de Selecciones Nacionales
Director de la Escuela Nacional de Entrenadores
Instructor UEFA Y FIFA
Miembro del Jira Panel de UEFA

INTRODUCCIÓN

El segundo entrenador de fútbol existe hace décadas, siendo hoy en día una figura normalizada dentro de un cuerpo técnico, con sus roles, funciones y responsabilidades; principal razón por lo que me resulta extraño que nunca nadie se haya parado a estudiar y describir esta profesión.

Siempre he sido el técnico principal de los equipos que he entrenado hasta que un día Jordi Roura y Aureli Altimira, coordinadores del fútbol formativo del FC Barcelona, me propusieron ser el segundo entrenador del juvenil. Fue desde entonces, y movido sobre todo por mi curiosidad y ganas de seguir aprendiendo, cuando empecé a pensar en este libro. Si quería formarme en mi nueva posición solo podía hacerlo preguntando a terceros y observando entrenamientos, me faltaba uno de los pilares que ha sostenido mi formación desde siempre: el estudio y la lectura. Apreciando esta evidente carencia de bibliografía específica entorno al segundo, estas páginas esperan cubrir el gran vacío que hasta la fecha existía.

La obra está claramente dividida en dos partes: la primera se basa en describir el segundo entrenador de fútbol profesional, y no he encontrado una manera más práctica de hacerlo que preguntar mediante una entrevista. Cada segundo entrevistado ha aportado con matices personales sus experiencias vividas al lado de los técnicos de fútbol más reconocidos, estoy hablando de personas que trabajan día y noche junto a entrenadores de la talla de Vicente del Bosque, Ernesto Valverde, Luis Enrique, Pep Guardiola, Mauricio Pochettino, Sergio González, Quique Sánchez Flores, y Paulo Sousa.

La segunda parte se ocupa y se preocupa del fútbol base, siendo éste un tema vivido en primera persona en clubes como Atlético de Madrid y FC Barcelona. Mi propuesta es dotar al segundo entrenador de fútbol base de un rol más formativo y educativo de lo que viene dándose actualmente, queriendo dirigir sus esfuerzos hacia dos dimensiones: el rendimiento deportivo del equipo (lo que la gran mayoría de segundos hacen) y el seguimiento individualizado del joven jugador (lo que muy pocos hacen). Esta segunda dimensión será descrita en el último capítulo intentado demostrar una novedosa visión hacia el segundo de fútbol base, quien bajo mi argumentación ha de dedicar su tiempo a mejorar el jugador como deportista y también como persona de una forma lo más individualizada e integradora posible.

Ya sabemos que el deporte es algo más que un simple pasatiempo para las personas, cada sociedad tiene sus deportes favoritos, y en España así como gran parte de la Comunidad Europea, el fútbol se presenta como "el deporte rey". Su entorno mueve millones de euros, genera miles de puestos de trabajo, crea tendencias sociales, y despierta pasiones e ilusiones, pero también provoca disgustos, desigualdades, injusticias y violencia. La necesidad del ganar por encima de todo, por encima incluso de los propios valores del deporte, hacen peligrar su propia integridad. Según Gimeno y Valero (1998) esto es debido a una *"hiperdeportivización"* de la vida actual. Son llamativas algunas reflexiones actuales de nuestros futbolistas más relevantes de los últimos años. Por ejemplo *Quini*, mítico delantero y máximo goleador del Sporting de Gijón y del FC Barcelona los años setenta y ochenta, cuando se le pregunta sobre el significado de ser deportista apunta (www.ligabbva.com):

"Significa dar lecciones en el campo con nuestros actos. Tengo claro que al fútbol actual le falta educación. Se ha perdido el respeto, ya no se transmiten valores. Y no creo que sea culpa del dinero, porque el fútbol siempre movió mucho dinero y antes no era así".

El fútbol es un deporte en el que compiten dos equipos, es la búsqueda y preparación continua de la victoria contra un conjunto de personas tan o mejor preparadas que tú. En un entorno social tan feroz y competitivo como en un estado capitalista en el que se vive hoy en día, donde tantas personas se preparan día a día con la creencia de que siempre hay alguien mejor que tú en alguna parte del mundo, hacen que queramos conocer y prepararnos mejor cada día. Y como es lógico, cuanta más gente está interesada en algo, más crece. Y es que el populismo en torno al fútbol hace que haya cada vez más personas involucradas de una forma directa o indirecta, lo que conlleva a una fuerte especialización en todos sus ámbitos: tecnología, educación, rendimiento, preparación física, medicina, psicología, metodología, etc. Esto explica por qué la sociedad se pregunta si la creciente especialización es realmente adecuada. Nos preguntamos entre otras muchas cosas, si realmente hacen falta cinco o seis personas en un cuerpo técnico, hasta qué punto son útiles todos esos recursos tecnológicos, si son necesarias todas las titulaciones requeridas para cada cargo, si cinco árbitros ven más que tres.

El fútbol se estudia en grados universitarios, se oferta en masters académicos y masters profesionales, se programan ponencias, conferencias y congresos con invitados y ponentes de renombre por todo el mundo, se hacen cursos y licencias especializadas por cada cargo (primer entrenador, preparador físico, entrenador de portero, coordinador de escuelas, director deportivo, agente de jugadores, etc.) y se escriben libros así como numerosos artículos científicos sobre todo tipo de temas relacionados. De hecho, se crean modas o tendencias dentro un mismo paradigma, *grosso modo*: los años setenta destacaron por el entrenamiento de la técnica de una forma más analítica, los ochenta por la preparación física basada en deportes individuales como el atletismo, los noventa evolucionó hacia la preparación física específica con el intento de adaptarse a los requerimientos y necesidades fisiológicas del propio juego, y parece que la tendencia actual está en la táctica y su metodología de entrenamiento.

Es debido a esta especialización que se crean nuevos cargos en los organigramas de los clubes y en los staffs de los equipos. Aunque a los técnicos de décadas pasadas se les haga difícil entender la actual situación, quienes se encargaban de todo tan solo una o dos personas, afortunadamente esto ya no es así. El entrenador de fútbol de hoy en día es una persona titulada que debe gestionar a la perfección su cuerpo técnico tanto como a su plantilla de jugadores. Ya no trabaja solo, ahora está acompañado por un grupo de técnicos especializados que le ayudan a controlar los condicionantes de rendimiento de su equipo. Una de estas personas es el segundo entrenador, figura ineludible para un equipo del fútbol actual.

Hay multitud de publicaciones sobre preparación física, entrenamiento de porteros, métodos de entrenamiento, táctica, técnica, motivación, liderazgo, rehabilitación y readaptación de lesionados, dieta y suplementos, tecnologías, etc., pero hasta la fecha no he hallado literatura específica sobre el segundo entrenador. No se ha analizado en profundidad ni con el rigor que requiere, no acorde con la especialización actual de este deporte. De aquí nace la necesidad de estudiarlo en profundidad y de la consecuente creación de la presente obra.

Por ello las razones que dan utilidad al libro, siguiendo los criterios para evaluar la importancia de una investigación (Hernández *et al.*, 2007: 51-52), son:

- **Conveniencia. ¿Para qué sirve?**

    Sirve para dar a conocer los roles y las funciones que realiza un segundo entrenador de fútbol profesional, sus mayores responsabilidades dentro del staff, la relación que se establece con el técnico principal y el tipo de comunicación que mantiene con los jugadores. Podrá notar las diferencias con el segundo en fútbol base, labor focalizada sobre todo en aspectos más formativos y educativos.

- **Relevancia social. ¿Quiénes se beneficiarán con los resultados de la investigación?**

    Los beneficiarios directos serán todas aquellas personas que estén interesadas en trabajar como segundos entrenadores, bien sea en el fútbol profesional como en el fútbol base. Los técnicos principales también pueden beneficiarse de la lectura del libro, ya que podrán con ello guiar y aconsejar mejor a sus segundos de cómo debe ser su trabajo.

- **Implicaciones prácticas. ¿Ayudará a resolver algún problema real?**

    El problema principal sobre la figura del segundo es que hasta el día de hoy la formación especializada es muy escasa, no existen publicaciones específicas. Con este texto se abre un nuevo abanico de posibilidades para aquellos que estén interesados, que deseen formarse en las peculiaridades del día a día del segundo entrenador de fútbol.

- **Valor teórico. ¿Se podrán generalizar los resultados a principios más amplios? ¿La información que se obtenga puede servir para revisar, desarrollar o apoyar una teoría?**

    Desgraciadamente y como acabo de señalar, no hay publicaciones con rigor sobre el tema, lo que nos lleva a no poder comparar las conclusiones con otros textos. Éste es uno de los principales motivos por los que se ha preferido preguntar mediante una entrevista a segundos entrenadores profesionales, quienes pronuncian sus experiencias y conocimientos tras responder a las preguntas que se les realizó.

PARTE I

EL SEGUNDO ENTRENADOR DE FÚTBOL PROFESIONAL

MÉTODO DE INVESTIGACIÓN: LA ENTREVISTA

"Nunca hay una segunda oportunidad para una primera impresión".

OSCAR WILDE

Podría opinar e incluso exponer mis propias vivencias en los juveniles del FC Barcelona, pero lo que busco en el libro es analizar en profundidad la figura del segundo entrenador de fútbol para aportar al lector diferentes experiencias y puntos de vista. No he hallado mejor manera que preguntarle mediante una entrevista a aquellas personas que viven en su día a día el cargo de segundo en el fútbol profesional.

La entrevista está dividida en tres dimensiones: trayectoria profesional, identidad y conocimiento; estructura basada en el libro de mi Directora de Tesis, Carmen Pérez (2004), quien describe la personalidad de varios entrenadores deportivos, concretamente en el fútbol: Radomir Antic, José Antonio Camacho, Johan Cruyff, Víctor Fernández y Jorge Valdano.

Las dimensiones y preguntas que se realizan a los segundos entrenadores profesionales son las siguientes (Fig. 1):

1. TRAYECTORIA PROFESIONAL	1.1. Datos personales, estudios y contexto profesional
	1.2. Experiencia como entrenador
	1.3. Experiencia como segundo entrenador
	1.4. Situación actual
2. IDENTIDAD	2.1 Autopercepción
	2.2. Preocupaciones profesionales
	2.3. Estilo de comunicación con jugadores y entrenador
3. CONOCIMIENTO	3.1. Modelo de entrenamiento
	3.2. Vías de aprendizaje
	3.3. Tecnologías
	3.4. En competición: pre partido, partido, post partido

Figura 1. Dimensiones de la entrevista a los segundos entrenadores.

La primera dimensión *Trayectoria Profesional* pregunta sobre los datos personales, las actividades deportivas que practicó anteriormente, otros trabajos, la experiencia que haya tenido (o no) como primer entrenador, la experiencia como segundo en otros clubs así como sus inicios y su situación actual en el club.

1.1. Datos personales

- Nombre y apellidos
- Fecha de nacimiento
- Lugar de nacimiento
- Estudios realizados
- ¿Qué actividad deportiva practicó?
- Trabajos diferentes al actual
- Años de experiencia como segundo entrenador
- ¿En qué clubs?

1.2. Experiencia como entrenador

- ¿Ha ejercido alguna vez como primer entrenador?
- ¿Dónde y cuándo?
- ¿Le gustaría serlo de nuevo?

1.3. Experiencia como segundo entrenador

- ¿Dónde empezó a ejercer?
- ¿Cuándo?
- Describa como fueron sus primeros meses de experiencia
- ¿Qué aspectos le causan más satisfacción en el ejercicio de su profesión?

1.4. Situación actual

- Fecha de llegada al club actual
- Historia personal vivida en el club

La segunda dimensión *Identidad* pregunta sobre aspectos de la propia vida profesional del segundo, adentrándonos en la autopercepción, sus preocupaciones profesionales, lo que le provoca angustia y presión, sobre su relación y estilo de comunicación con los jugadores, con el técnico principal y con la prensa.

2.1. Autopercepción

- ¿Cómo juzga su labor dentro del staff?
- ¿Siente que el entrenador le necesita?

2.2. Preocupaciones profesionales

- ¿Siente angustia, presión, agobio en su trabajo?
- ¿Qué cosas le hacen sentir angustia, presión, agobio?
- ¿Cuál es su mayor preocupación en el ejercicio de su profesión?

2.3. Estilo de comunicación

- ¿Cree necesario tomar tiempo para conocerse con sus deportistas como parte importante del éxito deportivo? Conocer cómo son, lo que sienten, sus preocupaciones, sus intereses.
- ¿Qué tipo de comunicación tiene con sus jugadores, grupal o de forma más individual?
- ¿Cree que la comunicación que tiene usted con los jugadores es muy diferente de la que tienen con el primer entrenador?
- ¿Qué tipo de relación tiene usted con el primer entrenador?
- ¿Es siempre sincero con él?
- ¿Le da siempre su punto de vista? Incluso cuando no intuye que no le va a gustar lo que le va a decir.
- ¿Qué tipo de relación tiene con el resto de los integrantes del staff?
- ¿Qué tipo de relación tiene con los representantes de los jugadores?
- ¿Y con la prensa?

La tercera dimensión *Conocimiento* pregunta sobre sus funciones y responsabilidades, las vías de aprendizaje y formación continuada, el uso de las tecnologías más comunes como el vídeo, y en competición sobre su rol en los prepartidos, durante el partido y si realiza algún tipo de trabajo en el post partido.

3.1. Modelo de entrenamiento

- ¿Qué parcelas de entrenamiento/rendimiento abarca su trabajo?
- ¿Qué funciones y responsabilidades tienen su cargo?

3.2. Vías de aprendizaje

- ¿Ha seguido formándose?
- ¿Cómo se forma de manera continuada?

3.3. Tecnologías

- ¿Utiliza el vídeo con sus jugadores?
- ¿Para qué lo utiliza?
- ¿Qué otra tecnología utiliza en sus labores?

3.4. En competición

- ¿Qué aspectos del pre partido prepara como segundo entrenador?
- ¿Durante el partido, en qué ayuda al entrenador?
- ¿Percibe que su punto de vista es escuchado y valorado positivamente durante el partido?
- ¿Hace un análisis del post partido?
- ¿Lo hace conjuntamente con el entrenador o solo?
- ¿Considera que puede aportar algún dato más que crea importante que no esté presente en las preguntas realizadas?

El criterio para la elección de los segundos entrenadores, fue básicamente que pertenecieran a entidades de máxima competición las temporadas en que fueron entrevistados. Éstos fueron escogidos de manera intencional, según Cohen y Manion (1990, extraído de Pérez, 2004) es una muestra no probabilística y definida como *muestreo intencional* ya que el proceso consiste en seleccionar a mano los casos que serán incluidos basándose en el propio juicio del investigador y para satisfacer las necesidades específicas de la investigación. Son ocho hombres de nacionalidad española, quienes en el momento que se les entrevistó cuatro ejercían en España, dos en Inglaterra, uno en Alemania y el último en Italia. Para la elección concreta de cada uno de ellos, la vía de acceso fue distinta en cada caso. Para algunos tuve que ponerme en contacto con varios conocidos y amigos y llegar así hasta ellos a través de su colaboración, mientras que para otros fue más fácil gracias a una relación más personal.

A continuación se realiza un breve resumen de cada segundo entrenador entrevistado para que el lector pueda identificar más fácilmente en las siguientes páginas las declaraciones y vivencias personales de cada uno.

Segundo entrenador	Primer entrenador	Equipo temp. 2015/16	Liga
Jesús Pérez	Mauricio Pochettino	Tottenham Hotspur FC	Premier League, Inglaterra
Jon Aspiazu	Ernesto Valverde	Athletic Club de Bilbao	Liga BBVA, España
Diego Ribera	Sergio González	RCD Espanyol	Liga BBVA, España
Domenec Torrent	Pep Guardiola	FC Bayern Munchen	Bundesliga, Alemania
Alberto Giráldez	Quique Sánchez Flores	Watford FC	Premier League, Inglaterra
Toni Grande	Vicente del Bosque	Selección Nacional España	-
Juan Carlos Unzué	Luis Enrique Martínez	FC Barcelona	Liga BBVA, España
Víctor Sánchez	Paulo Sousa	ACF Fiorentina	Serie A, Italia

Figura 2. Segundos entrenadores entrevistados.

JESÚS PÉREZ (segundo de Mauricio Pochettino)

Jesús Pérez nació en Barcelona el año 1971, es licenciado en Ciencias de la Actividad Física y el Deporte (INEFC), graduado en la Maestría de Educación Física, posee un Máster especializado en la preparación física del fútbol (RFEF) y la licencia UEFA PRO de entrenador de fútbol. Practicó de muy joven el atletismo y después jugó al fútbol, pero no se dedicó de forma profesional.

Ha trabajado como coordinador de las escuelas de fútbol del Alcanar CD y del Gimnàstic de Tarragona, así como ha llevado la gestión deportiva de su propia empresa, además fue varias temporadas preparador físico profesional de fútbol. Como segundo profesional, posee ocho años de experiencia desde la temporada 1999/2000 en el Real Murcia CF, en el Rayo Vallecano, en la Unión Deportiva Almería, en el RCD

Espanyol, y actualmente desde la 2014/15 en el Tottenham Hotspur FC de la Premier League inglesa, equipo por el que acaba de renovar cinco temporadas más. Cabe destacar que en esta última temporada 2015/16 casi logran el título, solo por detrás del sorprendente campeón, el Leicester City FC. Jesús ejerció como técnico principal en el CD Alcanar de regional y actualmente no le gustaría serlo de nuevo.

JON ASPIAZU (segundo de Ernesto Valverde)

Jon Iñaki Aspiazu, nacido en Bilbao en 1962, se licenció en Ciencias de la Información especializado en periodismo y publicidad. Lo hizo después de su carrera como futbolista profesional en España, que empezó en el filial del Athletic Club. Trabajó como jefe de compras en una empresa de productos refractarios y lo combinó siendo colaborador deportivo en prensa escrita, radio y televisión local.

Jon acumula una experiencia como segundo de trece temporadas en diferentes clubs, en el primer equipo del Athletic Club es su tercera temporada (desde la 2013/14). Cuando obtuvo el título de entrenador, trabajó como técnico en equipos de la tercera división vasca como el Amurrio Club la temporada 1996/97 y en Segunda División B tras el ascenso esa misma temporada. El CD Aurrera de Vitoria (1998/1999) también fue uno de sus destinos en la división de bronce española. Puede que ese hecho le propicie a pensar que le gustaría ser primero de nuevo, aunque de momento lo considere improbable.

DIEGO RIBERA (segundo de Sergio González)

Diego Ribera nació en Valencia el año 1977, se sacó un Grado Superior en Administración y Finanzas después de finalizar su carrera profesional como futbolista. Actualmente está estudiando para sacarse el título de entrenador UEFA PRO, trabajó como técnico del juvenil de primera división y a su vez Director Deportivo del Ribarroja CF de Valencia, después fichó como segundo de Sergio González en el RCD Espanyol la 2014/15, club en el que coincidieron como jugadores del filial en 1997/98, temporada en la que ambos subieron al primer equipo. Su experiencia como segundo es de un año y medio, ya que fueron destituidos en diciembre de 2015.

No le gustaría en estos momentos volver a los banquillos como primer entrenador ya que se siente a gusto como segundo de Sergio González.

DOMENEC TORRENT (segundo de Josep Guardiola)

Domenec Torrent nació el año 1962 en Santa Coloma de Farners, provincia de Girona. Jugó al fútbol pero no tuvo una dedicación profesional, empezó primero de carrera de Derecho y trabajó durante años como funcionario de la administración pública. Tras sacarse el título de entrenador UEFA PRO, combinó su trabajo con el de técnico en equipos de la tercera división catalana como el FC Palafrugell, después pasó a dirigir el Palamòs CF en la Segunda División B, y finalmente recaló en el Girona FC de tercera división, donde la temporada 2005/06 ascendió de categoría. Actualmente no desea volver a ejercer como primer entrenador de fútbol.

Como segundo posee tres temporadas de experiencia, las tres con Josep Guardiola a cargo del FC Bayern Munchen, y ahora acaban de firmar un nuevo contrato por tres temporadas con el Manchester City inglés.

ALBERTO GIRALDEZ (segundo de Quique Sánchez Flores)

Alberto Giráldez, natural de Santiago de Compostela, nació en el año 1960. Se licenció en Ciencias de la Actividad Física y el Deporte (INEFC de Barcelona) especializado en la maestría de fútbol, y más tarde se sacó el título de entrenador UEFA PRO así como varios masters: Especialista Universitario en Directores Deportivos, Psicología de la Actividad Física y el Deporte, Preparación Física en el Fútbol y Dirección de Fútbol. Fue futbolista profesional por dos temporadas en la Segunda División B, después dedicó su carrera profesional a ser preparador físico en clubes de segunda y primera división española como Real Valladolid, Sevilla FC, Valencia CF, Real Madrid (campeón de Liga 1994/95 con Jorge Valdano), CD Tenerife y Celta de Vigo. Pasados sus años de preparador físico profesional, Giráldez se dedicó al fútbol base siendo Coordinador de las categorías inferiores del Real Madrid desde 2001 hasta 2006 y Director de Formación de las mismas entre 2009 y 2012. Anteriormente trabajó para el fútbol base de clubes como el CD Manacor, Celta de Vigo, Real Valladolid y Valencia CF. Su última aventura en el fútbol formativo la pasó en el Sporting Cristal de Lima (Perú) los años 2013 a 2015, justo antes de partir para Inglaterra con Quique Sánchez Flores.

Alberto Giráldez acumula un total de treinta y dos temporadas en el fútbol profesional. Como segundo entrenador ya son tres temporadas de experiencia, una en el Rayo Vallecano de la Segunda División Española (2008/09), una en el Getafe C.F. en la Primera División (2014/15) y una última en el Watford FC (2015/16). Alberto ha firmado recientemente un nuevo contrato junto a Quique Sánchez Flores para empezar la temporada 2016/17 con el RCD Espanyol.

Como primer entrenador estuvo a cargo de los banquillos del colegio La Salle de Barcelona Juveniles y Preferente, actualmente no quiere serlo de nuevo, al menos de momento.

TONI GRANDE (segundo de Vicente del Bosque)

José Antonio Grande, nacido en Valencia el año 1947, estudió delineante en el Bachillerato dedicándose profesionalmente al fútbol desde muy joven, debuta en primera división con el Real Madrid el año 1968/69, consiguiendo el primero de los dos títulos de Liga de su palmarés personal, además jugaría los Juegos Olímpicos de México 1968 con la Selección Olímpica Española. La temporada siguiente ganaría la Copa del Rey también como jugador del Real Madrid.

Una vez se retiró como futbolista, Grande ha realizado en múltiples ocasiones diferentes labores sociales. Ejerció varias temporadas como primer entrenador en las categorías inferiores del Real Madrid, actualmente declina volver a ejercer como primero en ningún equipo. Como segundo profesional lleva acumuladas diecisiete temporadas repartidas entre clubs como: Real Madrid, donde inició su carrera de segundo con el técnico italiano Fabio Capello, después con Jupp Heynckes, Guus Hiddink y finalmente con Vicente del Bosque, de quien ya no se ha separado profesionalmente; Besiktas JK y la Selección Nacional Absoluta de Fútbol. Tras la Eurocopa 2016 dejan el cargo juntos.

JUAN CARLOS UNZUÉ (segundo de Luis Enrique)

Juan Carlos Unzué Labiano nació en Pamplona en 1967, finalizó sus estudios básicos y dedicó diecisiete años a ser portero de fútbol profesional en diferentes equipos de la primera división española: Club Atlético Osasuna, FC Barcelona, Sevilla FC, CD Tenerife y Real Oviedo. Justo después de retirarse como jugador pasó a ser preparador de porteros del primer equipo del FC Barcelona de Frank Rijkaard y después siguió con Pep Guardiola. Seguidamente probó suerte como primer entrenador en el CD Numancia de Soria la temporada 2010/11 y en el Real Racing de Santander la 2012/13, quien solo pudo dirigir el equipo cinco semanas de pretemporada.

Ya en la 2013/14 empieza su nuevo ciclo como segundo de Luis Enrique en el Real Celta de Vigo, volviendo al club azulgrana la siguiente temporada hasta la actualidad, destacando por los éxitos cosechados en ambas temporadas: dos Ligas, dos Copas del Rey y una Champions League. Su paso por varios banquillos y bajo diferentes místers, conjuntamente con su variedad de cargos, muestran las inquietudes de Unzué, a quien le gustaría ejercer de nuevo como primer entrenador.

VÍCTOR SÁNCHEZ (segundo de Paulo Sousa)

Víctor Sánchez Lladó, nacido en Mataró (Barcelona) en 1981, jugó al fútbol pero no de manera profesional. Estudió un Ciclo Formativo de Técnico Superior en Animación de Actividades Físicas y Deportivas, se licenció más tarde en Ciencias de la Actividad Física y el Deporte, cursó un Máster de Deportes Colectivos y se sacó el Nivel UEFA PRO de fútbol. Víctor antes de ser segundo profesional ejerció como entrenador personal en un gimnasio y fue coordinador de actividades extraescolares en dos colegios, además ejerció de técnico en categorías Inferiores en clubes como el CE Llavaneres, el UE Vilassar de Mar, el CE Mataró y cuatro temporadas en los cadetes del FC Barcelona. Su primera experiencia como segundo se remonta a la 2004/05 en el Juvenil A del RCD Espanyol. Actualmente empieza su cuarta temporada consecutiva como segundo de Paulo Sousa en equipos de renombre internacional: Maccabi Tel Aviv FC de Israel en la 2013/14, FC Basel de Suiza la 2014/15, y desde la 2015/16 en el ACF Fiorentina italiano.

Víctor se siente muy a gusto al lado del portugués, y hoy por hoy no le gustaría ejercer de nuevo como primer entrenador.

QUÉ ES UN ENTRENADOR Y UN SEGUNDO ENTRENADOR DE FÚTBOL PROFESIONAL

> *"No sólo el jugador debe entender al técnico. El técnico también debe entender al jugador".*
>
> DIEGO SIMEONE

EL ENTRENADOR DE FÚTBOL PROFESIONAL

Aunque el concepto entrenador según la Real Academia Española (www.rae.es) es *"persona que entrena"*, no ayuda a diferenciarlo del segundo, ya que éste también es una persona que entrena. Hallando multitud de definiciones sobre el concepto de entrenador, he escogido un argumento bien detallado de Abelairas, *et al.* (2012):

> *"La definición de entrenador conlleva multitud de acepciones, desde tipos y características hasta lo que consideramos como entrenador. Pues bien, para muchos sólo es aquella persona encargada de preparar al deportista realizando ejercicios con el objetivo de dirigir al deportista en su evolución. En cambio para otros muchos autores el entrenador va mucho más allá, conseguir instruir a un conjunto de jugadores, de personas cada vez más formadas tanto física como técnica y tácticamente con la única premisa de mejorar en el rendimiento. Después de ver estas definiciones lo que se ha de buscar es un equilibrio entre todo, es decir, conseguir una adecuada preparación hacia los objetivos que se han planteado en la temporada, con un trabajo conjunto de todas y cada una de las partes implicadas, intentando mejorar cada día en el desempeño de su actividad".*

Julio Mera en la década de los setenta destaca que el entrenador es en un equipo de fútbol el ochenta por ciento de lo que pueda valer, además describe las habilidades que debe dominar (1975: 13):

> *"Los equipos plagados de «estrellas», sin entrenador competente, podrán ganar algunos partidos; pero nunca*

serán conjuntos consistentes y de juego más o menos parejo (...)".

"En realidad considero que el entrenador bien preparado es un profesionista, pues para ser un buen DIRECTOR TÉCNICO es necesario lo siguiente:

1. *Cultura (aunque sea mediana)*
2. *Inteligencia*
3. *Conocimientos psicológicos (Estudios de Psicología)*
4. *Ecuanimidad*
5. *Buena salud*
6. *Conocimientos de Anatomía*
7. *Conocimientos de Fisiología*
8. *Amplio conocimientos de GIMNASIA (todos los tipos)*
9. *Amplio conocimiento de la TÉCNICA MODERNA DE FÚTBOL*
10. *Conocimientos de Metodología*
11. *Disciplina modelo*
12. *Responsabilidad Deportiva*
13. *Sentido de la amistad".*

Por las mismas fechas el importante profesor latinoamericano, Alberto Langlade, primero ayudante del Profesor De Heguedus y después Jefe de Estudios del *Instituto Superior de Educación Física de Uruguay* (ISEF), dedica un capítulo a describir el técnico de alta competición como un educador, administrador y técnico, concluyendo que (1976: 45-46):

- *El Entrenador debe predicar siempre con el ejemplo en lo que respecta a su presentación personal, puntualidad, orden y urbanidad.*

- *Su actuación debe ser segura y definida. Sus enseñanzas deben llevar la impresión de la fuerza de su convicción, de su alegría, de su seriedad y de su personalidad.*

- *Debe manejar a sus jugadores con tranquilidad, afecto y paciencia, sin que el empleo de estas cualidades signifique colocar en segundo término la obediencia y el orden.*

- *Debe procurar obtener la confianza de sus jugadores, demostrando interés por ellos y, sobre todo, procediendo con justicia y equidad en todos los casos. Los jugadores son extraordinariamente sensibles –por su estado de «forma»- a todo acto que según su pensamiento signifique una injusticia o una arbitrariedad. La justicia exige que el Entrenador no sólo observe y corrija los defectos y faltas que se cometan, sino que debe reconocer y premiar con palabras de aliento un trabajo bien hecho y los progresos conseguidos.*

- *El entrenador debe conocer las capacidades y las reacciones de cada uno de sus jugadores, como así sus puntos débiles y sus defectos.*

- *Antes de dar órdenes e instrucciones debe meditar sobre lo que va a hacer, estar seguro de su necesidad y de la posibilidad de que aquellas sean cumplidas por la mayor parte de los jugadores.*

- *El entrenador nunca debe exigir más de lo que las posibilidades físicas –en ese momento- le permitan efectuar a sus jugadores. Si se exige demasiado, se puede provocar desaliento y fastidio.*

- *Jamás el entrenador proferirá insultos, palabras injuriosas e imprecaciones, ni utilizará los «agentes» de entrenamiento como castigo. Es importante que el tono de voz y los gestos del Entrenador no delaten la pérdida del control de sus estados emocionales.*

- *Es mal entrenador aquel que confunde la corrección en la ejecución con la sistemática búsqueda de pequeñeces y el que para exigir obediencia se irrita, da fuertes voces de mando y se mueve incesantemente de un lado a otro, su modo de proceder hará mal efecto, provocará estados negativos en sus jugadores y desprestigiará su labor, aunque se trate del mejor y más competente técnico.*

También enumera una serie de atributos que ha de tener:

1. LOS MORALES: honestidad; vida privada y profesional intachables; temperamento en los hábitos; y ética profesional.

2. LOS CARACTERIALES: confianza en si mismo; dominio de si mismo; buen humor; accesibilidad y buen criterio; vocación

profesional; exaltado sentimiento de responsabilidad; y puntualidad.

3. LOS INTELECTUALES: amplia cultura general; sólida preparación técnico-profesional, asentada en una buena base, científica y pedagógica.

4. LOS FÍSICOS: buena salud; buen estado atlético, rápida percepción visual y auditiva; buena dicción y correcta impostación.

Sobre el entrenador profesional de fútbol actual se debe tener presente que ya no trabaja solo. Hace más de tres décadas, Bauer y Ueberle redactan (1988: 109):

"Hoy en día ya no se puede hablar sólo de entrenador del equipo en la primera división. Para entenderlo en su totalidad hay que especificar si se trata de primer entrenador, colaborador, preparador físico o ayudante".

Aquí en España se encuentran textos sobre el entrenador y el *"cuadro técnico"* de quien fuera mi profesor de la asignatura de fútbol en el INEFC Lleida los años noventa y dos mil, Antoni Gomà (1999: 118):

"La idea antigua del entrenador que realiza multitud de funciones dentro de un equipo, actualmente ya está en desuso… Es el encargado de recopilar toda la información proveniente de las demás personas que conforman el cuadro técnico con el objetivo de adiestrar al equipo y llevarlo, futbolísticamente hablando al puesto más alto posible".

Más recientemente Patricia Ramírez, psicóloga especialista en equipos de fútbol como el Betis Balompié de Pepe Mel, plantea la relación del técnico con su staff (2015: 32):

"Como líder, la elección de tu cuerpo técnico es una tarea muy importante. El cuerpo técnico también lo tienes en la empresa, con los jefes de equipo, jefes de sección, subdirectores de área, etc. Los has elegido porque te complementan, te ayudan a tener más información y te facilitan el trabajo. Son especialistas y profesionales en la materia, y lo normal es que sepan más que tú de sus especialidades. Estás por encima de ellos solo porque tú eres responsable de su trabajo, pero no lo interpretes como «el que manda aquí soy yo y por eso sé más que todos». Solo

tienes que dirigir el grupo. Dirigir y organizar no es sinónimo de mandar".

Hoy en día existen cuerpos técnicos profesionales con multitud de cargos relacionados con los diferentes ámbitos de rendimiento, además dentro de cada uno puede haber un grupo de trabajo de varias personas:

a). Técnicos deportivos:

- Primer entrenador
- Segundo entrenador
- Tercer entrenador

b). Preparadores físicos:

- Primer preparador físico
- Segundo preparador físico
- Tercer preparador físico

c). Entrenador de porteros

d). Servicios médicos:

- Médico principal
- Médico auxiliar

e). Fisioterapeutas:

- Primer fisioterapeuta
- Segundo fisioterapeuta
- Tercer fisioterapeuta

f). Psicólogo deportivo

g). Scouters:

- Scouting rivales
- Scouting propio equipo
- Scouting jugadores

h). Delegado

h). Otros cargos extradeportivos:

- Responsable del material
- Responsable de seguridad

- Responsable de comunicación
- Responsables del campo

A pesar de todas las personas que trabajan alrededor de un cuerpo técnico deportivo a las órdenes del primer entrenador, éste debe saber manejarse no solo en un vestuario o en un terreno de juego, sino que además se encuentra envuelto en situaciones de múltiples ámbitos. Bauer y Ueberle (1988) los enumeran hace ya varios años:

1. El entrenador como especialista en el campo deportivo
2. El entrenador como enseñante
3. El entrenador como «impulsor de la motivación»
4. El entrenador como ayudante humano y técnico
5. El entrenador como funcionario
6. El entrenador como colaborador de la presidencia
7. El entrenador como especialista a nivel administrativo
8. El entrenador como representante ante la opinión pública

Por otro lado al diferenciar en la actualidad los conceptos primer entrenador y segundo entrenador entre la lengua castellana y la anglosajona, vemos que en inglés del Reino Unido (British English) hablan de *manager* y *assistant manager* respectivamente, mientras que en inglés de los Estados Unidos (American English) de *head coach* y *assistant head coach*.

Castellano	British English (UK)	American English (USA)
Fútbol	Football	Soccer
Primer entrenador	Team manager	Head coach
Segundo entrenador	Assistant manager	Assistant head coach

Figura 3. Diferencias actuales entre la lengua castellana, inglesa y americana.

El término *manager* es debido a que el concepto de primer entrenador en Inglaterra tenía un poder mucho más profundo dentro del club que en España. Por ejemplo su dedicación no solo estaba dirigida a los entrenamientos, tácticas y estrategias del equipo, sino que además tenía potestad económica sobre la confección de la plantilla, la configuración de altas y bajas. Como escribe Malcolm Cook en un capítulo titulado "Despidiendo al jugador" (1982: 39):

> "El manager a menudo debe tomar decisiones impopulares y desagradables como expulsar del equipo a jugadores (...). El

manager puede echar a jugadores por varias razones, como la baja forma, por decisiones tácticas, lesión o por falta de experiencia en partidos. Él deberá tener coraje y tacto al hacerlo...".

Por lo tanto la figura del manager inglés era algo más que un entrenador, como lo llamaban en Inglaterra, "The hot seat" (la silla caliente), según Bebbington (1979: 20):

"Es un trabajo que puede producir gloria y enormes recompensas o desastres y despido, que deja al ocupante expuesto a los caprichos y fantasías de los directivos del club y una víctima pública de las suertes".

Uno de los managers ingleses más legendarios fue Bill Shankly, quien mantuvo su *hot seat* en el Liverpool FC quince exitosos años en las décadas de los sesenta y setenta. Más actualmente se habla de toda una leyenda del banquillo del Manchester United, Sir. Alex Ferguson, quien se retiró en 2013 después de veintiséis temporadas en el cargo. Ha sido tal la trayectoria del escocés como manager de los *Red Debils* que en 1999 fue nombrado *Caballero de la Orden del Imperio Británico* por la Reina Isabel II. Desde entonces es considerado *"Entrenador de entrenadores"*.

Cabe destacar, en contra de los intereses de los managers ingleses, que en los últimos años esta tendencia va a la baja ya que cada vez los managers duran menos tiempo en sus banquillos, "esclavos" del rendimiento inmediato de los equipos que dirigen (www.deportes.elpais.com):

"Hubo un tiempo en el que en Inglaterra no se debatía sobre los entrenadores, era algo cultural entregarse a un manager y confiar en él. Hasta la década de los cincuenta el Liverpool jamás había despedido a un entrenador y echó al primero porque descendió de categoría. Entre diciembre de 1959 y 1985 tuvo tres entrenadores cuando Bill Shankly inauguró una saga que, llegado el momento, cedía el testigo a su auxiliar. Bob Paisley y Joe Fagan le sucedieron. Ahora, apenas tres años ha durado Brendan Rodgers al frente del Liverpool (...)".

"En Inglaterra la figura del manager cada vez deriva más hacia la eventualidad del entrenador común, los proyectos acortan sus plazos y los banquillos se mueven como en cualquier otra cultura más próxima a la visceralidad".

En España, las tareas de fichajes de jugadores están supeditadas a la figura del director deportivo de fútbol o secretario técnico, como escribe Rafa Benítez en su blog (www.rafabenitez.com):

> *"En España o Italia existe la figura del 'Director de Fútbol' o el 'Secretario Técnico' que, en teoría, es el responsable de la contratación del propio entrenador y de confeccionar la plantilla. En la mayoría de los casos, no siempre, suele consultar con el inquilino del banquillo, pero en otros muchos casos el presidente o propietario, que hay de todo, es quien tiene la última palabra".*

Otto Pedro Bumbel, entrenador de los años sesenta y setenta en múltiples equipos de España, escribió sobre cómo se realizaban los fichajes en los clubs españoles de su época (1982: 58):

> *"En estos instantes, y como casi siempre ocurre, se abre el dilema administrativo:*
>
> *a) que la plantilla y su reestructuración se haga de acuerdo con el entrenador –si permanece en el club- o con el nuevo, además del asesoramiento de la SECRETARIA TECNICA (si la tiene el club);*
>
> *b) si no es así –circunstancia que se da en el mayor número de veces- es la propia directiva, con o sin ayudas técnicas, la que se empeña en realizar la peliaguda tarea de despedir, trasferir y contratar jugadores.*
>
> *En el caso del preparador, dentro de este caprichoso mundo del fútbol, hay gran número de ellos que escabullen el bulto, para no asumir sus responsabilidades en suministrar consejos técnicos a las directivas: «¡Es preferible que se equivoquen ellos que acierte yo! ¡De todas maneras, es menos responsabilidad para mí, por cuanto, si mañana pasa algo, serán los primeros en reprocharme la baja de Fulanito o la contratación de Menganito! Además, mi experiencia me dice que, cuando apunto el nombre de un jugador para el club, me contestan que es muy caro, y traen a otro que – dicen- es tan bueno como el indicado por mí y más barato. En el fondo, lo que quieren es justificarse diciendo que te han consultado, pero hacen lo que les da la real gana, que es lo que más les gusta. Total, como el dinero es de ellos, allá ellos»".*

EL SEGUNDO ENTRENADOR DE FÚTBOL PROFESIONAL

Cook define al segundo entrenador hace casi treinta y cinco años de la siguiente manera (1982: 46):

"El objetivo principal del ayudante de entrenador es producir el mayor éxito en el rendimiento del equipo en el menor tiempo posible, y mantenerlo durante toda la temporada. El ayudante puede tener una fuerte influencia sobre el equipo, y su interacción entre él y los jugadores es importante para el éxito del equipo. Normalmente el ayudante es más cercano a los jugadores y de una manera más común, y esa interacción depende como respondan los jugadores a su personalidad y métodos de trabajo. El ayudante no debe ser un teórico de pizarra, debe ser un hombre práctico quien constantemente viva la realidad y use prácticas estimulantes que anime a los jugadores a aprender nuevas habilidades y tácticas y mantenga la estabilidad y el orden. El ayudante es un «recolector de datos» quien con su experiencia y conocimientos pueden ser útiles para los jugadores y con beneficio del equipo".

En la misma década de los ochenta, para Bauer y Ueberle el segundo debía ser (1988: 110):

"Para la práctica es importante que el ayudante no sólo sepa dar forma a los conceptos del primer entrenador; además ha de ser capaz de trabajar autónomamente con grupos parciales o jugadores individuales. A pesar de apoyar lealmente al entrenador puede convertirse en una persona respetada, con autoridad específica. El equipo se dará cuenta de la cualidad específica y de la competencia de ayudante cuando se le mande a observar los futuros contrincantes, elaborando análisis convenientes y pronósticos en colaboración con el entrenador. Igualmente, puede ser importante en la valoración de partidos y hacerse considerar por el equipo a la hora de buscar jugadores de talento".

Ya en los noventa Gomà redacta una concisa e interesante aproximación más actual (1999: 118):

"Es la persona de confianza del entrenador, el cual le aconseja en multitud de las decisiones que tiene que tomar. No tiene una función específica, clara y delimitada sino que

ésta irá en función de lo que ambos técnicos decidan a principios de temporada e incluso durante la temporada. Es una ayuda que tiene el primer entrenador de cara a trabajar de forma dividida, en cuanto a algún aspecto táctico y sobre todo es su consejero".

En la década del dos mil, Warren y Danner aconsejan a los primeros entrenadores a tener un segundo leal y trabajador (2004: 83):

"Si tienes la suerte de contar con uno o más segundos entrenadores, tu objetivo será descubrir de cuántas maneras puedes utilizar sus talentos, experiencia y conocimiento del juego (...)".

"Tienes que esperar la misma lealtad de tus segundos entrenadores que de tus jugadores. Mientras que no es necesario (y probablemente además sea totalmente innecesario) que tus asistentes sean copias de carbón de tu persona, es importante que apoyen tu Plan Maestro para desarrollar el Equipo. Puede que no comportan tu filosofía de cómo se debería jugar o cómo se debería llevar el equipo, sin embargo tienen que dar un apoyo total a tus esfuerzos para conducir al Equipo en una dirección deseada. Un asistente desleal o perezoso no tiene más valor para ti que un jugador desleal o perezoso".

Argumentan que el segundo puede ayudar al primero confeccionando la plantilla, preparando al jugador físicamente, ojeando rivales, papeleos de administración, publicidad y recaudación de fondos, dirigiendo seminarios para entrenadores locales, preparando programas de entrenamiento, supervisando el rendimiento en los entrenamientos y partidos, analizando situaciones de partido, elaborando estrategias y trabajando con los jugadores a escala individual o de grupo. Aunque advierten que siempre el primer entrenador deberá tener en cuenta (Warren y Danner, 2004: 83):

"Sin embargo, deberías recordar una cosa: los asistentes están ahí para completar tu propio intenso trabajo, no para substituirlo. El ejemplo que establezcas para tus segundos entrenadores y jugadores determinará el grado de seriedad con qué emprenderán sus propias responsabilidades, de modo que tus asistentes deben esperar de ti lo siguiente: una ética del trabajo positiva; lealtad y respeto; un liderazgo

> *eficaz; apoyo incondicional al realizar las responsabilidades de su tarea; reconocimiento de la calidad de su trabajo de arte del Equipo y tuya propia; disposición para compartir tu conocimiento del juego y recursos futbolísticos personales como entrenador con ellos, con el fin de cubrir los huecos que puedan existir en su preparación o experiencia, y oportunidades para ejercer su propio liderazgo del equipo en los partidos y en las sesiones de entrenamiento".*

Comparando sus responsabilidades dentro del cuerpo técnico, el primero es el máximo responsable del rendimiento del equipo mientras que el segundo es un ayudante muy cercano a él que desempeña las funciones que el primero le instruye. En realidad la gran diferencia radica ahí, en las responsabilidades que tiene cada uno. Para Mombaerts (2000) el primer entrenador es el responsable de los resultados, y como afirma Gomà (1999: 118):

> *"Es sobre la persona que recae toda la responsabilidad del equipo en cuanto a resultados se refiere, teniendo en cuenta que posee el grado más alto de facultades de decisión".*

Más recientemente en 2015 tuve la suerte de asistir al *II Curso de Formación Continua de la Licencia UEFA* en la Ciudad del Fútbol de las Rozas (Madrid) para renovar la licencia UEFA PRO. En éste se dio un hecho destacable que resalta la figura del segundo y le da la importancia que se merece: se incluyó como parte lectiva una mesa redonda formada por los segundos entrenadores: Juan Carlos Unzué, segundo del FC Barcelona; Germán Burgos, segundo del Atlético de Madrid; Toni Jiménez, preparador de porteros y ayudante en el Tottenham; y Roberto Ríos, segundo del Real Betis en aquel momento. Éstos compartieron sus experiencias con todos los técnicos que asistimos al curso y respondieron a las pertinentes preguntas (www.rfef.es):

> **Toni Jiménez**: *"El jugador a quien hace caso es al entrenador el cual necesita de nuestro apoyo porque no puede abarcarlo todo. Somos necesarios para apoyar al entrenador en los momentos de mayor presión. Damos asistencia y respaldo. Tenemos que apoyar el liderazgo del técnico".*

> **Juan Carlos Unzué**: *"He decidido ser segundo entrenador como un reto positivo al lado de alguien que respetas y con quien deseas trabajar. Hay una gran diferencia entre ser primer y segundo entrenador sobre todo en lo que a la*

presión se refiere. Un buen líder integra. Siempre me he sentido escuchado como entrenador de porteros. Debemos estar tan atentos de los jugadores como del entrenador. Hay que apoyarle incluso aunque no estés de acuerdo con sus decisiones. Una de las últimas jerarquías que existen es la del entrenador".

Germán Burgos: "Mi función como segundo entrenador es transmitir equilibrio emocional y ayudar a tomar la decisión correcta. Es muy importante que exista una amistad entre el primer y el segundo entrenador. Hay que hablar a los jugadores y en ese papel somos importantes para evitar que se creen suciedades en la relación que luego no se pueden reconducir. Siempre hay que decir la verdad al entrenador que es quien finalmente toma las decisiones. Mi función es analizar al rival y emito informes para mi entrenador. Honorabilidad y lealtad son claves en nuestro trabajo".

Roberto Ríos: "Somos quienes más unidos estamos con la plantilla, les conocemos personalmente. Ayudamos al entrenador y también a los jugadores".

Después de las entrevistas realizadas a los ocho segundos entrenadores españoles, se describe a continuación las respuestas sobre su trabajo.

Según Jesús Pérez, segundo de Mauricio Pochettino, a quien entrevisté vía telefónica, cada entrenador crea la figura de su segundo y apunta que la importancia está en el rendimiento interno sobre todo, además de valorar muy positivamente su experiencia en el fútbol inglés por el gran respeto que existe hacia los entrenadores:

"Es un rol muy personal, cada primero crea la figura de su segundo. Los roles se definen en base a las capacidades y sobre todo la confianza. Mauricio Pochettino lo define como la persona que le ayude metodológicamente y que le ayude en muchas áreas de trabajo. Yo me siento como una extensión de él, no porque yo lo sea, sino porque él me hace sentir así, que es diferente. El me hace participe y me incluye como muestra de confianza. La importancia del asistente no esta en la imagen pública sino en el rendimiento interno".

"Los clubs británicos tienen una organización muy grande y con muchos recursos a tu disposición. El rol del manager y su

asistente están muy respetados con lo que tu capacidad de decisión es muy elevada en todo lo relacionado con el equipo".

Para Diego Ribera, segundo de Sergio Rodríguez, con quien coincidí en el FC Barcelona cuando era observador de la zona de Valencia y con quien mantengo una relación cordial, señala que gozar de una amistad y confianza entre primero y segundo ayuda en el rendimiento del día a día. Además tiene claro que un segundo debe intentar ayudar al primero para que tome las decisiones lo más correctas posibles:

"Lo fundamental son los jugadores y el entrenador. Los demás, como el segundo, intentamos ayudar para que todo funcione bien y que el primer entrenador tenga las soluciones para poder decidir como quiera. A su vez, creo que debe sentir que yo soy importante para él. Además de haber compartido muchos momentos e inquietudes de fútbol, somos amigos desde hace veinte años casi, entre nosotros no hay secretos, y esa relación que tenemos ayuda en beneficio del equipo".

Toni Grande lleva muchos años siendo el segundo de Vicente del Bosque, pude ponerme en contacto gracias al entonces analista de la Selección Antolín Gonzalo, tras asistir a una formación interna del FC Barcelona en *La Masia*. Grande afirma que la figura de segundo es totalmente necesaria para el primero, y que debe serle siempre fiel y sincero. Además opina que es muy importante conocer bien a los jugadores y tratarlos con respeto:

"Juzgo mi labor dentro de un staff técnico como necesaria, siento que el entrenador me necesita. Con Vicente mantengo el mejor tipo de relación posible, siempre le soy sincero, aunque no sea de su agrado lo que le tenga que decir. Veo necesario dedicarle el tiempo que haga falta a conocer a mis jugadores, conocer como son, sus preocupaciones y lo que sienten, para mi es muy importante. Además esta relación debe ser de mutuo respeto, debe haber una comunicación normal, respeto hacia ellos y que a su vez me respeten".

Juan Carlos Unzué, segundo de Luis Enrique, con quien tuve el placer de poder entrevistarle en los despachos del primer equipo en la Ciutat Esportiva Joan Gamper, describe su rol compartido de segundo entrenador, propuesto por Luis Enrique desde el primer día que llegó:

"En este sentido creo que Luis es un poco especial a otros entrenadores. Él desde el primer momento me hizo saber que mi rol como segundo entrenador iba a ser compartido. Ya venía trabajando con Robert Moreno desde el Barça "B" y Roma, y quería en cierta manera tener dos entrenadores. El papel de Robert sería un poco más desde el punto de vista de analizar la información del rival y propia desde la grada y el actuar en el propio entrenamiento como yo. En mi caso el quería que yo estuviese siempre a su lado, pero en cierta manera con un status compartido. Puede parecer de entrada diferente, y lo era, pero conforme pasaron los días me di cuenta que tenía todas las razones y todos los argumentos para compartir el rol".

Unzué tiene una fijación permanente en su cabeza: se pregunta día a día cómo puede ayudar al míster en todo momento. Su objetivo es también que los jugadores que entrena den su máximo nivel, para eso reitera que debe estar siempre abierto a escuchar y observar en los detalles:

"Sobre todo para mi el aspecto personal, las emociones, los estados de ánimo son vitales. Incluso diría yo que son prioritarios. Con una mala idea, con un equipo mediano, pero con una unión importante, con gente fantástica, vas a conseguir el máximo de esos jugadores. Ese tiene que ser un poco el objetivo de un entrenador. Al menos el mío es intentar conseguir el máximo nivel de esos jugadores que tú tienes, de qué manera les puedo sacar yo el máximo nivel. A veces necesitas esa capacidad de observación, de análisis y de saber escuchar a las otras personas y dejar que expresen su opinión. Intento concentrarme en escuchar, ver y observar para seguir con una capacidad de mejorar. Sentir que cada día puedes dar un detallito más".

Jon Aspiazu, segundo de Ernesto Valverde, contestó mediante un extenso email a la entrevista que le envié gracias a la mediación de Alberto Iglesias, integrante del staff de Valverde que conocí en la formación *Study Group Scheme* de la UEFA en Alemania el año 2010. Aspiazu lleva varias temporadas ligadas a Valverde en diferentes equipos de la primera división española, y eso hace que mantengan una relación de confianza que ayuda en el trabajo diario. Declara que su labor como segundo debe ser corporativa conjuntamente con todo el staff técnico, y que asume las decisiones tomadas por el entrenador como si fueran la propia suya, aunque tenga una idea diferente:

> *"Pienso que mi labor dentro del staff debe ser corporativa. El entrenador es el eje central del proyecto y todo su cuerpo técnico se orienta a facilitar su labor. Nosotros estamos allí para facilitar su labor y que se centre, sobre todo, en los aspectos más importantes del equipo. Mantenemos una relación de confianza que viene de lejos y no necesitamos demasiados detalles para conocer los que necesitamos uno del otro. Siempre le doy mi punto de vista, pero también nos damos nuestro espacio. Después de tanto tiempo juntos, intuyo cuando no necesita conocer mi punto de vista sobre determinados aspectos porque ya ha tomado una decisión firme al respecto. Y yo, me guardo mi opinión para no incomodarle y asumo su decisión como si fuera propia".*

Domenec Torrent, segundo de Pep Guardiola, respondió mediante email la entrevista gracias a la colaboración de Carles Planchart, integrante del staff de Guardiola, con quien coincidí en el Curso Nacional de Entrenador de Fútbol en Melilla el año 2006 y después en el FC Barcelona. Torrent afirma que cada segundo vive su trabajo de manera diferente, según la forma de ser y de actuar de cada uno. Siente que su posición es importante para el entrenador, pero para él la mayor preocupación de un segundo es entender bien el rol que se tiene, además de saber ayudar al primero:

> *"Cada segundo entrenador vive su trabajo de manera diferente. Por mi manera de ser, creo que estar tranquilo y preparado para cuando el entrenador te necesite, sin querer protagonismo, para mi es la mejor manera de poder ayudarlo. Siento que puedo ayudar a Pep, me siento importante para él, poder ayudarlo y entender el rol que tengo es mi mayor preocupación como segundo entrenador. También conocer bien a los jugadores es imprescindible, ayuda en su rendimiento personal y global de la plantilla".*

Alberto Giráldez, segundo de Quique Sánchez Flores, con quien mantengo una relación cordial desde que era el coordinador del fútbol base del Real Madrid, valora su labor como complementaria y que aporta equilibrio. Se preocupa mucho por cumplir con las funciones que se describen en los siguientes capítulos y argumenta que la comunicación que debe mantener con los jugadores como segundo ha de ser más individual para conocerlos bien:

"Mi labor dentro del staff técnico es complementaria, de equilibrio y que aporta experiencia. Siento que Quique me necesita, por lo que me preocupo sobre todo de cumplir con mis funciones.

Considero que un segundo entrenador debe mantener una relación más individual con el jugador, la base de la comunicación con ellos es saber con quien te comunicas, saber lo que necesitan oír y que son capaces de incorporar".

Víctor Sánchez, segundo de Paulo Sousa, ex compañero varias temporadas en el fútbol formativo del FC Barcelona respondió a todas las preguntas de la entrevista vía telefónica. Declara que ayuda a su míster, pero piensa que cualquier persona del staff puede ser prescindible:

"Como staff tenemos una cosa muy buena, y es que todos participamos en casi todo. El míster en este caso es una persona que le gusta mucho escuchar cualquier opinión de cualquier miembro del staff. Yo soy una pieza más de un staff muy global, donde sobre todo las cuatro personas que llevamos juntos estos cuatro años, todos tenemos una importancia muy elevada.

Evidentemente el líder del proyecto es el míster, y el que acaba de decidir y ha de tener más valentía o menos a la hora de tomar las decisiones es él. Pero me siento muy valorado porque se nos escucha en todo aquello que aportamos. Destaco por encima de todo la globalidad que hay en el staff, con mucha presencia de todos, sin jerarquías marcadas por el míster. Nadie se siente cohibido, cosa que ha sido imprescindible para sentirme cómodo desde el principio".

Víctor destaca el importante papel de su familia, afirma que sin ellos no sería capaz de resistir este trabajo:

"Las familias tienen un mérito espectacular. Igual que nos sentimos muy cómodos con el cuerpo técnico en el tiempo que paso con ellos, si no fuera por la familia, sería imposible llevar un trabajo como el que llevo".

RELACIÓN CON EL PRIMER ENTRENADOR

"No hay que apagar la luz del otro para lograr que brille la nuestra".

MAHATMA GANDHI

Vale la pena señalar que para un entrenador, la elección de su segundo debe ser una de las decisiones más importantes a tomar. Según su status deportivo y las circunstancias del club, podrá tener la libertad de elección o de lo contrario le será impuesto. De todas maneras, la figura del segundo resulta fundamental para el día a día del primero y por lo tanto para el rendimiento del equipo. Soy de los que piensa que una relación personal no fluida o con falta de confianza entre primero y segundo dificulta mucho el éxito de su trabajo, incluso a corto plazo. Por este motivo los entrenadores prefieren escoger a un "compañero de fatigas" de su confianza, que entienda su filosofía y estilo de juego, que le aporte estabilidad emocional, buenos y sinceros consejos, que esté de su lado en las decisiones que no compartan, y que sobre todo le sea fiel en los malos momentos de la temporada. La calidad y la fidelidad serán las actitudes finales que busca el entrenador, de ahí que normalmente prefiera escoger por él mismo la persona para el cargo de segundo.

Bauer y Ueberle escribieron hace años sobre el tema apreciándose en sus palabras la desconfianza hacia el segundo que existía por aquel entonces (1988: 109-110):

> *"Muchos clubes contratan un entrenador ayudante para tener sustituto en caso de cese del primer entrenador antes de tiempo. Los entrenadores, por otro lado, prefieren más bien un ayudante que pueda sustituirle en una emergencia (por ejemplo, enfermedad), y que sea lo suficientemente leal, pero que no constituya una competencia seria o una alternativa por su cualificación. El segundo entrenador tendrá siempre una posición ambigua, la cual puede ocupar de muy diferente manera según su carácter y personalidad".*

Por su parte, Vicente del Bosque, ex reciente Seleccionador de la Selección Española de fútbol, opina al respecto (Suárez, 2011: 23):

> *"«El técnico debe ser un líder moral. No tiene por qué saber de todo, pero sí saber dirigir a quienes saben. Ha de rodearse de los mejores, no de los más fieles, aunque no le regalen siempre los oídos. No es bueno preocuparse de cosas menores, porque restan energías para lo que es importante»,* empezó. Puso Del Bosque el ejemplo de su ayudante Toni Grande, que sabe todo lo que pasa en el vestuario y conoce las interioridades de los jugadores, lo que le permite a él tomar un distanciamiento mayor con los profesionales".

En esta misma línea de pensamiento está José Mourinho cuando plantea porque elige a Rui Faria para que le acompañe a dirigir el Chelsea FC la temporada 2004/05 (Oliveira, *et al.*, 2007: 43):

> "Cuando hablé con el Chelsea les dije que tenía muchas personas de mi confianza, pero que también aceptaría personas del club. Eso sí, y debido a mi metodología, Rui Faria, era obligatorio. (Al periódico Récord de 6 de Julio de 2004).
>
> Rui es mi complemento. En verdad no lo llamo preparador físico, porque es mucho mas que eso y además ese concepto no existe en nuestro modelo de trabajo, ya que ejecuta y coordina una gran parte de nuestra metodología de entrenamiento. Y al reafirmar que es imprescindible es porque lo es [...]. Para mi, no es el mejor, pero si el mejor que conozco. De ahí que el Chelsea le pague tan bien, ¡porqué Rui Faria es top! Los que trabajan con nosotros saben a lo que me refiero. (Al periódico A Bola de 12 de Febrero de 2005)".

Además describen como *Mou* y Rui Faria empiezan a trabajar juntos (2007: 43):

> "Es importante destacar que cuando Mourinho invita a Rui Faria a trabajar con él, no lo hace por ser su amigo personal, por su pasado futbolístico o por su experiencia profesional. Rui Faria tenía, en ese momento, 25 años y se presentó ante Mourinho al hacer su tesis de licenciatura, la cual versa sobre esta metodología y que es el resultado de haber acompañado a Mourinho en Barcelona. Lo que los unió fue una metodología de entrenamiento".

No siempre el entrenador escoge por él mismo a su acompañante, en otras ocasiones el segundo suele ser una tercera persona recomendada por alguien del círculo más próximo al técnico, hecho que suele ocurrir cuando no se encuentra el perfil que anda buscando de entre sus seres más cercanos o que simplemente busca más calidad que fidelidad y amistad. Intuyo que el perfil de este segundo entrenador será alguien con conocimientos contrastados y con un currículum más que aceptable. Destaca un caso actual y mediático cuando el Real Madrid de Florentino Pérez se hace con los servicios de José Mourinho la temporada 2010/11: éste pregunta por un ex jugador y conocedor de la entidad para ser su ayudante como persona de confianza del club, y Jorge Valdano, que en ese momento ocupaba el cargo de Director General de Presidencia, recomienda a Aítor Karanka. Por aquel entonces Karanka ejercía como técnico en las categorías inferiores sub16 de la Selección Española, y recuerda esos días en una entrevista realizada en la cadena de televisión *LaSexta* (www.ecodiario.eleconomista.es):

> *"Me sorprendió una llamada de Mourinho antes de empezar a trabajar con él sin conocerle de nada. Me decía que me iba a ayudar y que me iba a acoger como una familia. Todo lo que pasó esos tres años posteriores me lo había anticipado el primer día, en la primera conversación".*

Karanka destacó sobre todo por su participación en noventa ruedas de prensa substituyendo a *Mou*, hecho inaudito hasta la fecha. Esta unión dura las tres temporadas que el portugués está al cargo del Real Madrid hasta que el verano del 2013 vuelve al Chelsea FC, cuando separan caminos profesionales y Karanka firma ese mismo año como manager del Middlesbrough FC.

También puede darse el caso que el entrenador elija de entre varias personas mediante una entrevista o un simple primer encuentro. Por ejemplo aquellos integrantes del staff que mantienen contrato vigente en el club al finalizar la temporada y que con la llegada de un nuevo entrenador deben esperar su destino. Un conocido caso de esta naturaleza es el de José Mourinho con el fichaje de Louis van Gaal como míster del FC Barcelona la temporada 1997/98: el holandés substituye a Sir. Bobby Robson y se queda con *Mou* como informador de los rivales. De entre los integrantes del anterior staff, él "sobrevive" por mostrarse totalmente sincero y contundente con Louis van Gaal, rasgo que seduce al entrenador holandés. Años más tarde Mourinho recuerda esos días en una entrevista a UEFA (www.marca.com):

> *"Es una persona muy segura de sí misma y en aquel momento yo era muy joven, eso fue muy importante. Gracias a él pude dirigir partidos amistosos, partidos de la Copa Cataluña, él me daba la responsabilidad de entrenar. Eso fue muy importante en mi desarrollo".*

Por supuesto que muchos segundos son impuestos por el club, bien sea porque es hombre de confianza del presidente, porque lleva muchos en el club o porque tiene contrato vigente. Zinedine Zidane se sentó por primera vez en el banquillo del primer equipo del Real Madrid la temporada 2013/14 como segundo de Carlo Ancelotti, además de continuar con el cargo de asesor de Florentino Pérez en la presidencia. Ancelotti dice en su primera rueda de prensa al cargo del equipo el 26 de junio 2013:

> *"Zidane ha sido un jugador fantástico. Todo el mundo le conoce. Ahora él ha decidido tener un papel como entrenador. Será un asistente muy bueno, aparte del asistente que tengo, aparte de Paul Clement. Estará en el banquillo. El problema es que no puede jugar. Ese es el problema".*

Esa misma temporada el Real Madrid se proclama campeón de *La Décima* (Champions League 2013/14) y ya en la siguiente campaña el francés se hace cargo del Real Madrid Castilla iniciando así su carrera como primer entrenador. El 4 de enero de 2016 el Real Madrid destituye a Rafa Benítez y nombra a Zidane nuevo entrenador del primer equipo del Real Madrid, ganando de nuevo la Champions League 2015/16, su primer gran título como técnico principal.

También es común que después de un período de tiempo trabajando juntos, el segundo decida trabajar por su cuenta como entrenador deshaciéndose de esta manera del que fuera su primero. Un caso muy cercano y conocido fue el del fallecido Tito Vilanova, compañero de Pep Guardiola años atrás como jugador en *La Masia* y conocedor de la 3era División Catalana. Éste ficha de segundo de Pep en el Barça "B" de 3era división la temporada 2007/08, la unión Guardiola-Vilanova dura cinco brillantes temporadas (2007/08 a 2011/12). Los éxitos son bien conocidos por todos en el mundo del fútbol: su primera temporada juntos ascienden de Tercera División a 2nda División "B" (2007/08), después como técnicos del primer equipo consiguen catorce títulos en cuatro temporadas: tres Ligas (2009, 2010 y 2011), dos Ligas de Campeones (2009 y 2011), dos Copas del Rey (2009 y 2012), dos Mundiales de Clubes

(2009 y 2011), tres Supercopas de España (2009, 2010 y 2011) y dos Supercopas de Europa (2009 y 2011).

Guardiola anuncia públicamente que deja el cargo el 27 de abril de 2012 en el Camp Nou acompañado del entonces Presidente del FC Barcelona, Sandro Rossell y del Director Deportivo, Andoni Zubizarreta, y en la misma rueda de prensa ambos confirman que Tito Vilanova será el nuevo míster para la próxima temporada 2013/14. Recuerdo aquel momento como si fuera ayer, al lado algunos miembros de la secretaría técnica, todos expectantes delante del televisor de las oficinas del fútbol en la Ciutat Esportiva Joan Gamper del FC Barcelona. En palabras de Zubizarreta: *"Necesitamos un entrenador que conozca la casa y que tenga una implicación como Tito. Trabajaremos con su perfil, distinto del de Guardiola"*.

Cabe destacar un dato, y es que durante la temporada 2015/16 de la Liga BBVA española se rescindió el contrato de once entrenadores y todos sus segundos dejaron conjuntamente los cargos. Puedo intuir que se dan básicamente dos causas: se muestran fieles a sus primeros y se marchan con ellos, o que el club también anuncie su despido. Aparentemente la segunda causa viene íntimamente ligada con la primera ya que suele ser el primer entrenador quien trae a su segundo, aunque no siempre sea así. Este dato es una muestra inequívoca de la fidelidad de éstos hacia sus primeros. De hecho y de forma anecdótica, o no, solo tres de los treinta y un segundos entrenadores son de diferente nacionalidad que su primero: Fabio Peccia (italiano, segundo de Rafa Benítez), Phil Neville (inglés, segundo Salvador "Voro") y Ángel Angulo, que solo estuvo un partido (español, segundo de Gary Neville). El 90% de los segundos son de la misma nacionalidad que el primero.

Sobre la relación que tienen los segundos entrenadores que se han entrevistado con sus primeros, todos mantienen una buena o muy buena relación, y en algunos casos llegan a ser amigos íntimos. En cuanto a la sinceridad en la comunicación, todos coinciden en que es fundamental aunque le dan mucha importancia al buen manejo de los momentos y las formas. Todos son de la opinión que la sinceridad debe ser total pero con ciertos matices como condición para poder ayudar al míster. He detectado sobre este tema varios puntos en común en todos ellos: confianza, lealtad y relevancia en el cuándo y el cómo ser sincero.

Unzué argumenta que la confianza entre las dos personas es clave para el desarrollo laboral eficiente, sentir la confianza de su míster es para él fundamental en su rol de segundo:

"En mi caso ha sido una suerte conocernos antes de trabajar juntos. En cierta manera eso es lo que ha dado la posibilidad que seamos compañeros de trabajo. Mi experiencia en Vigo fue vital para esos inicios. Cuando uno tiene confianza, es lo más importante que puede haber entre dos personas, si la confianza es mutua es porque sabes que es fiel, que va a ir contigo. Para mi sentir esa confianza en los demás de Luis es clave".

Incluso discursea sobre su primera experiencia como segundo en el FC Barcelona de Frank Rijkaard, a quien tras pasados varios años sigue destacándolo por ofrecerle su plena confianza desde el primer momento sin si quiera conocerle:

"He tenido grandes maestros en ese sentido, incluso sin las circunstancias actuales de conocimiento personal anterior, Frank Rijkaard fue capaz de transmitirme esa confianza y seguridad en mi mismo desde el primer momento cuando ni lo conocía. Eso depende mucho del líder, y en ese sentido yo he tenido mucha suerte, porque yo sé por otras personas que no les han dado esa posibilidad. He tenido mucha fortuna de tener gente muy capaz y de confianza, de sentirla desde el primer día.

La reflexión que yo me hacía es: ¿Cómo puedo fallarle yo a este tío? En el fondo lo que él ha conseguido es que yo tenga la sensación que tengo que dar mi máximo nivel, porque no le puedo fallar. El fútbol hace unos cuantos años atrás, parecía que el segundo entrenador lo ponía el club para tener un poco de información de lo que hacía. Ahora me doy cuenta que él era muy consciente que había cosas que se le escapaban, como no puede ser de otra manera cuando vas a un sitio nuevo. Rodearse de gente que conocía ese club, facilitaba su trabajo. Teniendo gente a su alrededor del club, podía saber todo lo que ocurría en vez de seis meses, en dos.

Al final fue un beneficio propio. Fue para mi una forma de liderar del máximo nivel, más inteligente. Si la sientes y crees en ella, no tengo ninguna duda que es la que te va a dar más posibilidades, de sacar el máximo provecho de todos los que tienes alrededor. Ni más ni menos, es lo que hizo Mourinho al entrar el Real Madrid y pedir un hombre de confianza de la casa (Karanka)".

A su vez, es de los que piensa que la propia opinión hay trasladarla al entrenador, pero hay que saber cuándo y cómo. Saber dominar los momentos es fundamental para él, punto en el que no puedo estar más de acuerdo. La sinceridad es vital, pero eso no significa que haya que dar siempre y a toda costa tu propia opinión, según los momentos y las formas puede que no ayuden al técnico:

> *"Creo que tu opinión se la tienes que trasladar al míster. Pero sí que es cierto que los momentos es importante. No es solo importante que dices sino por qué, cuándo lo dices, cómo lo dices. Hay que intentar ser consciente de todo eso. Posiblemente un argumento fantástico en un momento inadecuado no sirve para nada. Intentar dominar el cuándo y el cómo, muchas veces las formas hacen que el mensaje no llegue. Para mi cuidar esos detalles es vital. A veces no tenemos demasiado en cuenta en el cómo y el cuándo, y para mi tiene mucha, mucha importancia. Sí que es cierto que algunas opiniones te las guardas para ti, pero hay que ver también qué tipo de entrenador es, si se siente más cómodo en un ambiente de calma, o hay entrenadores que se sienten cómodos en situaciones de estrés. Al final las experiencias te ayudan a tener la posibilidad de equivocarte menos".*

Diego Ribera destaca su amistad con Sergio González, sin dejar de ser exigentes el uno con el otro en el trabajo:

> *"En primer lugar somos amigos desde hace veinte años casi, hemos compartido muchas cosas y muchas inquietudes futbolísticas. Todo eso hace que entre nosotros no haya secretos tanto para bien como para mal. Puedo decirle cualquier cosa y aunque no esté conforme, sabe que es para ayudar, y al contrario también, cuando él me dice alguna cosa que yo no estoy de acuerdo sé que lo dice para ayudar igualmente. Al final esa relación que tenemos ayuda siempre a que el beneficio sea del grupo. Eso no lleva que no seamos exigentes con uno mismo y con el otro, una vez llegamos al trabajo, la amistad se queda en un segundo plano".*

No obstante, todo y su cercana relación con él, no siempre le puede ser sincero porque no hay tiempo para ponerse a discutir una decisión:

> *"Siempre no se puede ser sincero, intento serlo siempre, pero muchas veces cuando ves que un entrenador tiene una decisión muy bien tomada, y aunque tú no lo veas, tampoco vas a generarle tantas dudas porque quedan a lo mejor dos horas para el partido. Al final hay veces que tienes que dejar pasar o intentar ver de la forma que lo ve él y unirte a lo que él ha decidido. Intento en un noventa por ciento ser sincero pero hay veces que es imposible porque piensas que ser sincero es perjudicial para el grupo".*

Diego siempre intenta darle su propio punto de vista, su amistad con él le ayuda a poder dar su opinión libremente aún sabiendo que la idea de Sergio pueda ser diferente. Y es que ambos tienen la suerte de disfrutar de una relación muy cercana de amistad, hecho que ayuda sin duda a que se entiendan fácilmente:

> *"Intento darle mi punto de vista, si me lo pide siempre se lo doy independientemente de cual sea la suya, y nuestra amistad hace que él sepa que yo no voy a querer nada malo para el equipo, es más, solo le puedo estar agradecido porque confió en mi en cuanto se hizo cargo del primer equipo del Espanyol".*

Jon Aspiazu afirma tener una relación cercana y sincera con Valverde ya que son muchos años juntos. No lo es siempre sincero en según que momentos, pero más tarde o más temprano da a conocer su información al entrenador:

> *"No siempre soy sincero con él, hay veces que tienes que manejar algunas informaciones que no pueden influir en la toma de decisiones del entrenador, aunque posteriormente las pongo en su conocimiento".*

A su vez, le da siempre su punto de vista personal aunque gracias a sus años trabajando juntos sabe cuando guardarse su opinión y asumir su decisión como propia:

> *"Pero también nos damos nuestro espacio. Después de tanto tiempo juntos intuyo cuando no necesita conocer mi punto de vista sobre determinados aspectos porque ya ha tomado una decisión firme al respecto. Y yo, me guardo mi opinión*

para no incomodarle y asumo su decisión como si fuera propia".

En la misma línea Alberto Giráldez mantiene una relación fluida y natural con Quique Sánchez Flores: *"Nos conocemos desde hace veinte años"*. Con Alberto tiene que ser fácil trabajar, conociéndole de primera mano es un gran profesional curtido en mil batallas, y por lo que sé de Quique, hombre exigente con los suyos, debe haber encontrado en él lo que buscaba. Al igual que Ribera y Aspiazu, no siempre puede ser del todo sincero con él: *"En ocasiones considero necesario variar la información"*. Apunta que no siempre, pero sin embargo casi siempre, le da su punto de vista, incluso cuando intuye que no le va a gustar lo que le va a decir.

Toni Grande por su parte, afirma tener la mejor relación posible con Vicente del Bosque, siéndole siempre sincero y dándole su punto de vista personal incluso en aquellos momentos que puede ver que no será acorde con la decisión de Del Bosque. No hay más que verlos por la televisión en los banquillos, siempre pegados el uno al otro, como si ambos formaran una sola persona. Cuando se llega a ese punto de compenetración, el equilibrio entre ambos debe ser total.

Al igual que Grande, Domenec Torrent mantiene una relación muy buena y muy cercana con Pep Guardiola, siéndole siempre cien por cien sincero en todo momento: *"Siempre le soy sincero, creo que es la única manera en la que puedes ayudar".*

Víctor Sánchez tiene una relación muy buena con Paulo Sousa desde el principio. No se conocían antes de haber trabajado juntos, pero su forma de ser enganchó rápidamente y ayudó mucho en la integración de Víctor en el staff:

"Llegué a Maccabi Tel Aviv que no conocía absolutamente de nada a Paulo Sousa más allá de saber quien era como jugador. Porque sabía que había sido un jugador muy importante, pero no había tenido ningún tipo de comunicación. La primera comunicación la tengo cuando llego a Austria en el stage de pretemporada del Maccabi. Y desde entonces ha habido un feeling desde el primer momento, porque el míster es una persona muy directa para hablar, va por faena.

Esto me ha ayudado mucho a mi, y creo que de alguna manera mi persona se ha reajustado un poco a aquello que él buscaba para incorporar al staff. Tenemos una relación muy buena, profesional porque lo veo más que a nuestras familias. Siempre que podemos, hacemos cosas conjuntas con el staff que se van un poco más fuera de lo puramente profesional. Así que tenemos una relación muy buena".

Conociendo a Víctor, persona muy sincera y directa en el trato personal, tal y como él mismo comenta, le ha ayudado mucho que su entrenador sea en ese aspecto como él, acercando posturas de una forma fácil y ligera. También cree necesario darle su opinión aunque vea que no va en el mismo camino de lo que el míster piensa, pero debe encontrar el momento adecuado con el fin de ayudar:

"Soy tan sincero con él como con cualquier otra persona. Todas las cosas que creo que pueden afectar nuestra vida profesional negativamente o positivamente, se lo comunico. Si hay cosas que hay que evitar porque no es el momento de decirlo, me espero e intento comunicarlo en el momento oportuno, de igual manera que lo hago con cualquier otra persona.

Siempre le doy mi opinión aunque crea que no le pueda gustar, otra cosa es el momento exacto de decirlo. Te puedo dar un ejemplo: si yo tenía una cosa pensada sobre un jugador, que era negativa, y él justamente ve algo que no le ha gustado, intento no poner más leña al fuego, para que no sea negativo. Le diré siempre aquello que crea que nos puede ayudar, aunque sea una idea contraria a la que él tenga, pero igual que con todas las personas, intentaré ajustarme en el momento adecuado para decírselo".

Jesús Pérez tiene una relación personal con mucho contacto fuera y dentro del club con Mauricio Pochettino, ya que afirma pasar prácticamente más tiempo con él que con su familia. Y es que Jesús, a quien tuve como Coordinador del futbol base del Gimnàstic de Tarragona cuando yo era juvenil, es una persona que se desvive por su trabajo, de aquellos que parece que no consigue desconectar nunca, siempre con el fútbol en la cabeza.

Siguiendo con la dinámica de las anteriores declaraciones, Jesús siempre le es sincero, y tiene muy claro como y cuando comunicarle con sinceridad su opinión al míster:

"Tengo una máxima como ayudante: éste debe tener la habilidad de saber qué necesita el entrenador, a veces

necesita un punto de vista completamente diferente, porque en el momento que estás discutiendo da espacio a opinarle esto o aquello, pero después hay muchas veces que has de saber la manera de hacerle ver sin oponerte completamente, cuando sabes que está tomando una decisión y tú piensas en ese momento que podría ser otra, lo que toca es apoyarle, porque no hay tiempo para debatirlo. Muchas veces tu labor como segundo no se trata de eso, tu labor como segundo es intentar que tu entrenador sea mejor. Mauricio pregunta mucho, por todo. ¿Qué te crees que no tiene la decisión tomada? Claro que la tiene, pero es para buscar ese uno por ciento. La labor del segundo es intuir que está necesitando tu primer entrenador en cada momento".

EX FUTBOLISTAS Y NO EX FUTBOLISTAS

"Me quitaría veinte años y encantado de jugar este partido".

ABELARDO FERNÁNDEZ

Al analizar la procedencia profesional de los entrenadores y de sus segundos en la Liga BBVA española 2015/16, se aprecia que de los treinta y un **primeros entrenadores** que trabajaron en ella (es una competición de veinte equipos y se destituyeron once técnicos a lo largo de la temporada), veintiséis de ellos son ex futbolistas profesionales (84%), y solo cinco (16%) no lo son: Franc Escribà (Getafe CF), José Sandoval (Granada FC), Lucas Alcaraz (Levante UD), Rafa Benítez (Real Madrid) y Pako Ayestarán (Valencia CF).

Entrenadores ex futbolistas	Entrenadores no ex futbolistas
Ernesto Valverde	Franc Escribà
Diego Simeone	José Sandoval
Luís Enrique	Lucas Alcaraz
Pepe Mel	Rafa Benítez
Juan Merino	Pako Ayestarán
Eduardo Berizzo	
Víctor Sánchez	
José Mendilibar	
Sergio González	
Constantin Galca	
Eduardo Esnáider	
José Manuel González	
Paco Herrera	
Quique Setién	
Joan Ferrer "Rubi"	
Javi Gracia	
Paco Jémez	
Zinedine Zidane	
David Moyes	
Eusebio Sacristán	
Unai Emery	
Abelardo Fernández	
Nuno Espiritu Santo	
Salva González "Voro"	
Gary Neville	
Marcelino García	

Figura 4. Entrenadores ex jugadores y no ex jugadores de la Liga BBVA 2015/16.

Como dato a destacar, el 100% de entrenadores no ex jugadores que empezaron la temporada fueron destituidos de sus cargos en el transcurso de la misma. Pako Ayestarán, que llegó como el cuarto míster de la temporada del Valencia CF, estrenó banquillo a primeros del mes de abril en la jornada 31. De hecho, en esta temporada 2016/17 recientemente iniciada, Ayestarán ha sido el primer destituido tras perder los cuatro primeros encuentros ligueros. Aún a riesgo de ofender, no parece que sea un hecho casual o puntual. En los niveles que estamos tratando, donde la mayoría de los jugadores prefieren entrenadores ex jugadores, los que no lo han sido tienen un hándicap inicial con el que tan solo puede superar mediante victorias, si éstas no llegan de forma inmediata, ya conocemos las consecuencias.

Al observar la Fig. 5 los equipos donde jugaron como profesionales los primeros entrenadores, se obtiene que trece de los veintiséis entrenadores ex jugadores (50%), han entrenado la temporada 2015/16 en equipos que militaron como jugador: Ernesto Valverde (Athletic Club), Diego Simeone (Atlético de Madrid), Luís Enrique (FC Barcelona), Pepe Mel (Betis Balompié), Juan Merino (Betis Balompié), Eduardo Berizzo (Celta de Vigo), Víctor Sánchez (Deportivo de la Coruña), Sergio González (RCD Espanyol), Constantín Galca (RCD Espanyol), Paco Jémez (Rayo Vallecano), Zinedine Zidane (Real Madrid), Abelardo Fernández (Sporting de Gijón) y Salva González "Voro" (Valencia CF). A su vez, doce de estos trece jugaron cuatro o más temporadas en el club donde entrenan, lo que pudo desarrollar cierto sentido de pertenencia hacia el club. De hecho alguno de ellos jugó hasta doce temporadas en el mismo club, como es el caso de Juan Merino, quien tras la destitución de Pepe Mel, pasó del Betis "B" a hacerse cargo del primer equipo. Este dato demuestra la importancia de haber sido jugador profesional del club, construyendo unas raíces que duran en el tiempo hasta que un ex jugador tenga la posibilidad de volver al club con un cargo de técnico.

En cuanto a los **segundos entrenadores**, veintidós son ex futbolistas profesionales (71%), y nueve no lo son (29%). La figura de segundo en España, el porcentaje de no ex futbolistas es mayor en comparación con la figura de primero. Tres de ellos son licenciados en Ciencias de la Actividad Física y el Deporte (INEF): David Dóniga (Deportivo de la Coruña), Josep Alcàcer (Getafe CF) y Ismael Martínez (Granada CF). Sin duda que la figura del licenciado en INEF ya no es solo dedicada a la preparación física del equipo, sino que acompaña a los técnicos para ser sus segundos de confianza. Éste es un dato que como licenciado en CAFE, como no puede ser de otra manera, me alegra y me enorgullece. Si anteriormente comentaba la importancia que bajo mi punto de vista tiene que haber sido ex futbolista profesional para ocupar el puesto de entrenador, pienso exactamente todo lo contrario para el cargo de segundo. Soy de los que cree que éste no debe tener el mismo perfil que su entrenador. Está muy bien que ambos se complementen, pero si tienen las mismas posturas, los mismos pensamientos, las mismas experiencias, etc. ¿De qué puede servirle sino más que para acompañarle? Si bien esta propuesta puede parecer radical, el segundo debe tener un perfil diferente del primero, que le aporte aquello que no tenga, que le de opiniones diferentes y que, mediante una relación basada en la confianza, pueden discutir las diferentes posibilidades que se pueden ir dando en cada momento en este deporte tan abierto.

De hecho si un ex futbolista profesional consigue licenciarse en CAFE estoy seguro que encontrará trabajo en algún staff del fútbol profesional, bien como preparador físico o como segundo. Sería el perfil ideal de segundo: experiencias vividas como ex futbolista y conocimientos académicos. Principal razón para que mediante esta obra anime a aquellos futbolistas que, bien durante o después de su carrera profesional, se aventuren a matricularse en el grado de Ciencias de la Actividad Física y el Deporte. No tendrán ningún tipo de problema en encontrar trabajo de lo que más les gusta en cuanto se gradúen. Serán los más buscados del mercado.

Los segundos entrenadores ex jugadores (Fig. 5), nueve de los veinte dos (41%) jugaron anteriormente en los clubes donde actualmente trabajan: Jon Aspiazu (Athletic Club), Germán Burgos (Atlético de Madrid), Juan Carlos Unzué (FC Barcelona), Roberto Ríos (Betis Balompié), Jesús Capitán (Betis Balompié), Diego Ribera (RCD Espanyol), Ángel Rodríguez (UD Las Palmas), Marcelo Romero (Málaga CF) y Ángel Angulo (Valencia CF).

Clubs Liga BBVA Temp. 2015/16	Primer Entrenador			Segundo Entrenador		
	Nombre Apellido	Jug. Prof.	Clubs como Jugador	Nombre Apellido	Jug. Prof.	Clubs como Jugador
Athletic Club	Ernesto Valverde	sí	Athletic Club	Jon Aspiazu	sí	Athletic Bilbao
Atlético Madrid	Diego Simeone	sí	Atlético Madrid	Germán Burgos	sí	Atlético Madrid
FC Barcelona	Luís Enrique	sí	FC Barcelona	Juan Unzué	sí	FC Barcelona
Betis Balompié	Pepe Mel	sí	Betis Balompié	Roberto Ríos	sí	Betis Balompié
	Juan Merino	sí	Betis Balompié	Jesús Capitán	sí	Betis Balompié
Celta de Vigo	Eduardo Berizzo	sí	Celta de Vigo	Ernesto Marcucci	no	-
Deportivo Coruña	Víctor Sánchez	sí	Deportivo Coruña	David Dóniga	no	-
SD Eibar	José Mendilibar	sí	Sestao SC	Iñaki Bea	sí	Real Valladolid
RCD Espanyol	Sergio González	sí	RCD Espanyol	Diego Ribera	sí	RCD Espanyol
	Constantin Galca	sí	RCD Espanyol	Dumitru Uzunea	no	-
Getafe CF	Franc Escribà	no	-	Josep Alcàcer	no	-
	Eduardo Esnáider	sí	Real Zaragoza	Mauricio Elena	sí	CF Talavera
Granada CF	José Sandoval	no	-	Ismael Martínez	no	-
	José González	sí	Sevilla FC	Antonio Calderón	sí	Rayo Vallecano
UD Las Palmas	Paco Herrera	sí	Sporting Gijón	Ángel Rodríguez	sí	UD Las Palmas
	Quique Setién	sí	Racing Santander	Eder Sarabia	no	no
Levante UD	Lucas Alcaraz	no	-	Jesús Cañadas	no	no
	Joan Ferrer "Rubi"	sí	AEC Manlleu	Jaume Torras	sí	AEC Manlleu
Málaga CF	Javi Gracia	sí	Villarreal CF	Marcelo Romero	sí	Málaga CF
Rayo Vallecano	Paco Jémez	sí	Rayo Vallecano	Jesús Muñoz	sí	Albacete Balompié
Real Madrid	Rafa Benítez	no	-	Fabio Pecchia	sí	SSC Napoli
	Zinedine Zidane	sí	Real Madrid	David Bettoni	sí	AS Cannes
Real Sociedad	David Moyes	sí	Celtic Glasgow	Billy Mckinlay	sí	Blackburn Rovers
	Eusebio Sacristán	sí	FC Barcelona	Andrés Costas	no	
Sevilla FC	Unai Emery	sí	CD Leganés	Carlos Carcedo	sí	CD Leganés
Sporting Gijón	Abelardo Fdez.	sí	Sporting Gijón	Ignacio Tejada	sí	Athletic Club
Valencia CF	Nuno Espiritu	sí	Deportivo Coruña	Rui Silva	no	-
	Salvador "Voro"	sí	Valencia CF	Phil Neville	sí	Manchester United
	Gary Neville	sí	Manchester United	Ángel Angulo	sí	Valencia CF
	Pako Ayestarán	no	-	David Caneda	sí	Córdoba CF
Villarreal CF	Marcelino García	sí	Sporting Gijón	Rubén Uría	sí	Cultural Leonesa

Figura 5. Entrenadores Liga BBVA 2015/16.

En cuanto a los ocho segundos entrenadores entrevistados para el libro, cuatro no tuvieron carreras como futbolistas profesionales: Domenec Torrent, Jesús Pérez, Víctor Sánchez y Alberto Giráldez (jugó tan solo dos temporadas en la Segunda División B). Los tres últimos son licenciados por el INEFC, trabajaron en la base de diferentes clubs de fútbol, y además Pérez y Giráldez fueron preparadores físicos profesionales de segunda y primera división española. De los cuatro restantes que sí fueron jugadores profesionales, Jon Aspiazu, Diego Ribera, Toni Grande y Juan Carlos Unzué; todos ellos participaron como jugadores en los clubs donde han ejercido la temporada 2015/16 como segundos. De hecho, menos Unzué, jugaron en las categorías inferiores, o filial, de sendos clubes.

Como es lógico, las vías de acceso hacia el cargo de segundo entrenador en el fútbol profesional entre un ex jugador y un no ex jugador, son muy distintas. Los primeros suelen tener buenas conexiones internas en los clubs donde militaron como jugadores, sobre todo aquellos que jugaron en sus categorías inferiores y/o filial y después ascendieron al primer equipo. Esto hace que el sentido de pertenencia, valor tan importante en los deportes de equipo, sea mayor que aquellos jugadores que tan solo estuvieron de paso en el club, alguna que otra temporada. El ejemplo es Jon Aspiazu, que tras ser jugador del Athletic Club y de su filial, vuelve años después al retirarse como jugador para ser segundo del filial en la temporada 2002/03, y en la 2013/14 en el primer equipo de la mano de Ernesto Valverde.

Otra de las vías son las relaciones interpersonales (amistad, relación profesional, etc.), las experiencias que hayan compartido juntos en un vestuario durante un seguido de temporadas pueden crear lazos sentimentales inseparables. Sin duda, además de la amistad, la confianza entre ambos será importante, uno de los requisitos fundamentales para convivir juntos en un mundo laboral tan competitivo. Éste es el caso de Diego Ribera, la apuesta personal de su míster Sergio González, quienes coincidieron como jugadores en el filial y en el primer equipo del RCD Espanyol.

Otra manera de llegar a ser segundo entrenador profesional es el prestigio obtenido desde jugador. Los cálculos son fáciles: si sumamos el número de títulos conseguidos como jugador más el reconocimiento público, el resultado es prestigio. Todos sabemos que el prestigio como jugador, no pudiendo ser de otra manera, es fundamental para llegar a trabajar más tarde como técnico. Es un proceso totalmente lógico y natural, del cual hay gente que no está de acuerdo, que tiene la creencia que para ser un buen entrenador hay que estar bien formado académicamente sin tener necesariamente una experiencia previa como futbolista profesional. Esta discusión siempre estará sobre la mesa en el *mundillo* del fútbol, pero la actual realidad nos confirma que la mayoría de técnicos exitosos son ex jugadores profesionales, como siempre, con excepciones. El debate está servido, para muchos compañeros *inefos* los mejores técnicos son aquellos que provienen del mundo académico por poseer mayores conocimientos científicos, informáticos y titulaciones académicas, mientras que para los ex futbolistas no cabe duda que la experiencia como jugador profesional, el recuerdo de todos sus técnicos, las vivencias del vestuario, acostumbrados a la presión mediática y a los estadios llenos, son fundamentales para ser un técnico de futbolistas profesionales.

Por otro lado, los segundos que no fueron futbolistas profesionales, las vías de acceso a este puesto laboral son bien distintas que los ex jugadores. Una de ella es empezar en un fútbol base, bien sea como técnico o como coordinador/director. Sin duda que ser entrenador de un club con prestigio (cualquiera que pueda tener a su primer equipo en la primera división) puede ayudar en el currículum personal, pero también en conocer y establecer lazos personales con ex jugadores que puedan estar también ejerciendo como entrenadores en la base. No todos los ex jugadores profesionales entrenan directamente a un filial ni muchos menos a un primer equipo, muchos empiezan en la base normalmente en los clubes que militaron como jugadores. Como acabo de argumentar, estas personas son las que tienen más facilidad para progresar en su carrera como técnico profesional, es cuando un no ex jugador puede ligar lazos profesionales con un ex jugador e ir progresando juntamente con él. Éste caso me ocurrió a mi personalmente en dos ocasiones. La primera cuando estuve trabajando en el Atlético de Madrid en 2008 y 2009, donde coincidí con Milinko Pantic, coordinador de las actividades deportivas de la Fundación Atlético de Madrid. Me propuso que fuera su segundo si se daba el caso que cogiera las riendas del primer equipo, sonó en varias ocasiones para hacerse con el cargo, pero no tuvo esa suerte y acabó a cargo del filial. Años después, coincidí la temporada 2010/11 en el fútbol formativo del FC Barcelona con Sergi Barjuan, él como técnico del Juvenil "B" y yo del Infantil "B". De ahí nació una relación que por muy poco no cuajó en la temporada 2011/12 y también en la 2012/13 como segundo entrenador en el Recreativo de Huelva de *Barju*. Diferencias y desacuerdos con la directiva del club andaluz de entonces provocaron que no pudiéramos juntar caminos profesionales.

Con esto no quiero decir que un no ex jugador no pueda progresar por si solo, empezar en un fútbol base, llegar a un filial o seguir subiendo categorías con cualquier equipo amateur hasta convertirse en un entrenador profesional. Es cierto que esta vía es la más compleja, pero todos sabemos que en el fútbol no hay nada imposible si uno es lo suficientemente bueno y además consigue poner de su lado el azar de este oficio. Como ejemplo pongo a dos de los entrevistados: Víctor Sánchez y Domenec Torrent. Éste último tras varias temporadas como primer y segundo entrenador en las diferentes categorías del futbol base del CD Farners, y después en equipos de tercera división catalana y segunda división "B" como el FC Palafrugell, el Palamòs CF i el Girona FC, se hace un hueco en el staff de Pep Guardiola en el Barça "B" la temporada 2007/08 como scout. Desde entonces y tras cuatro gloriosas temporadas en el primer equipo del FC Barcelona, ganando todos los títulos posibles, Pep se lo lleva con él de segundo al FC Bayern Munchen (2013/14), ganando los tres años la liga alemana. Ahora, recién firmado el contrato de Guardiola con el Manchester City, Domenec seguirá siendo su hombre de confianza en Inglaterra.

No solamente se pueden señalar caminos triunfales en el puesto de segundo entrenador sin haber sido antes jugador profesional, sino que también se encuentran como técnico principal. Pongamos como el ejemplo más actual y cercano el de Rafa Benítez, cuando siendo jugador de los juveniles del Real Madrid sufrió una grave lesión que le apartó de la élite y en unos años después de los terrenos de juego. Aprovecha entonces para finalizar su licenciatura en el INEF de Madrid y empieza su carrera como entrenador del juvenil "B" del Real Madrid. Después de ayudante con Vicente del Bosque en el primer equipo, y tras varias temporadas como primero de éxitos y fracasos, de ascensos y descensos de primera a segunda división española, consigue ganar como entrenador del Valencia las Ligas 2001/02 y 2003/04, además de la Copa de la UEFA. Gana la prestigiosa Champions League 2004/05 y Supercopa de Europa 2005/06 con el Liverpool FC y la Supercopa de Italia con el AS Roma, hasta que vuelve a los banquillos del Real Madrid la temporada 2015/16.

Otra vía para los no ex jugadores hasta ser segundo entrenador profesional, ésta para los licenciados en Ciencias de la Actividad Física y el Deporte, es la de haber trabajado como preparador físico profesional. La experiencia adquirida, los conocimientos que ello aporta juntamente con las personas que se van conociendo por el camino, hacen que puedas toparte con un entrenador con el que haya *feeling* profesional, y que con el tiempo llegues a ser su persona de máxima confianza. Éste es el claro caso de Jesús Pérez, quien tras ser preparador físico en equipos como el Gimnàstic de Tarragona (1996/98), el Castellón (1998/99) y el Real Murcia CF (1999/05), empezó a ser segundo en el Rayo Vallecano (2007/08) de Pepe Mel, en la UD Almería (2008) y el Al Ittihad Club de Arabia Saudí (2009/10). Hasta que llegó al RCD Espanyol (2010/11) de nuevo como preparador físico a las órdenes de Mauricio Pochettino, quien vería en él pronto como su mano derecha para llevárselo al Tottenham inglés (2014/15).

PRIMERAS EXPERIENCIAS

"Ya llegan. Y yo no estoy preparado. ¿Cómo iba a estarlo? Soy un profesor nuevo, y estoy aprendiendo con la práctica".

FRANK Mc COURT

Nadie nace aprendido, ni los primeros entrenadores, ni los que fueron futbolistas profesionales, ni los que ya tuvieron experiencias anteriores similares. Como en la vida, los primeros pasos laborales, aunque lógicamente pueden ser satisfactorios, son de aprendizaje y de constante reajuste personal. Son momentos que no se olvidan, que algunos nombran como muy satisfactorios pero que en cambio otros lo recuerdan con ciertas dificultades. Recuerdo perfectamente cada primer día en mis diferentes labores relacionadas con el mundo del fútbol, en todas ellas mi obsesión siempre ha sido intentar dar una imagen de seguridad y responsabilidad.

Mi primera experiencia como entrenador-educador fue como ayudante en un equipo extraescolar del instituto Martí i Franquès de Tarragona, el técnico era un amigo de mi padre, Pepe Silva. Yo tan solo tenía diecisiete años y era estudiante de segundo de Bachillerato. Recuerdo realizar mi primer ejercicio con el grupo y calentar al portero con consecutivos lanzamientos en los partidos. Mi segunda experiencia fue, aunque muy gratificante personalmente visto con años de perspectiva, dura en si misma. Entrené toda la temporada el Benjamín "G" de la UE Lleida, fue durante mi primer año de carrera en el INEFC Lleida. Creo recordar que tan solo ganamos uno o dos partidos, que viajaba con los padres en sus coches por los campos, y que necesitaba ese dinero cada mes (120 euros, veinte mil de las antiguas pesetas) para poder pagar el alquiler del piso. No volví a entrenar de nuevo hasta que una vez finalizada la carrera cuatro años después, y lo hice en el Cadete "C" del Gimnàstic de Tarragona, volviendo así de nuevo al club en el que jugué al fútbol desde los ocho años. Fue el inicio de unos buenos años como primer entrenador de fútbol base combinándolo como profesor de Educación Física en diferentes institutos de la provincia de Tarragona. El *Nàstic* históricamente ha sido el equipo de la ciudad de Tarragona y pertenecer a él siempre me ha llenado de orgullo y pasión. Recuerdo mi presentación a los jugadores por parte de Jose Sicart y Aniceto, director deportivo y coordinador del fútbol base respectivamente. Las siguientes dos temporadas estuve al cargo del Infantil "A" en la máxima categoría infantil de Catalunya con un amigo de la carrera, Manolo Muñoz, a quien siempre llamé como *mi compañero metodológico*.

Un cambio en mi vida personal hizo que lo dejara todo y marchara a vivir a Madrid en 2008. Gracias a Juan Vizcaíno, actual tercer entrenador del Atlético de Madrid de Simeone, pude entrar a trabajar por las tardes como técnico en la Fundación del Atlético de Madrid que por aquel entonces dirigía Milinko Pantic. Recuerdo mi primera entrevista con él perfectamente. Bajé del autobús en Majadahonda para dirigirme al Cerro del Espino (Ciudad deportiva del Atlético de Madrid) esperando tener una reunión muy formal en algún despacho, pero me encontré que estaba ordenando y contando las pelotas en el típico cuartillo del material. Ese fue mi primer encuentro con el mítico jugador del *Atleti del Doblete*. Sin duda este simple detalle dice mucho de como es *Sole* (así le llaman sus amigos), un auténtico crack fuera y dentro de los terrenos de juego.

Como mis ingresos eran escasos, me ofrecí para trabajar como entrenador de fútbol en los centros penitenciarios de la Comunidad de Madrid mediante la Fundación Atlético de Madrid. Eso sí que fue una nueva y enriquecedora experiencia personal, a todos los niveles. Mi primer día en una cárcel, si nunca habéis estado en ninguna, me di cuenta de muchas cosas. Una de las que me gustaría dejar plasmado fue el darme cuenta que el simple hecho de poder jugar al fútbol hace feliz a las personas, sea cual sea su condición.

Ese mismo año, Vizcaíno contactó con Toni Muñoz, director deportivo del Getafe CF para que pudiera pronunciarme sobre lo quería hacer para mi Tesis Doctoral en el primer equipo entrenado entonces por Víctor Muñoz. Mi primer encuentro en las oficinas del club con el staff fue demoledor. En la oficina estaban Víctor, su segundo, Raul Longui, su preparador físico, Manuel Lapuente, y el preparador de porteros, Juan Carlos Arévalo. Antes de presentarme y argumentar mis intenciones, Víctor me preguntó sin vacilar que les planteara lo que había visto en la sesión de entrenamiento que justo acababan de realizar. Puede que respondiera más o menos con acierto a su pregunta. Sin duda fue una de las experiencias más inolvidables para mi, de la cual siempre les estaré muy agradecido, sobre todo a Manu Lapuente por su desinteresada ayuda, por su recibimiento y colaboración desde el primer día. *"De ahora en adelante puedes utilizar estas oficinas con nosotros, tan solo pásame los vídeos y lo que hagas de los entrenos y partidos que vas grabando"*, me dijo Víctor Muñoz. Así que, con motivo del desarrollo de la investigación mi Tesis Doctoral sobre balón parado en fútbol, registré en vídeo todas las sesiones de entrenamiento y los partidos del Getafe como local de la primera división, con mi trípode y mi nueva cámara de vídeo. En aquel momento la mayoría de los equipos de la primera división española no grababan sus entrenos.

La temporada 2010/11 fiché como entrenador del Infantil "B" del FC Barcelona gracias a Albert Puig, quien confió en mi para el cargo. Sin duda fue de nuevo un reto personal, volver a mi Barcelona natal, y esta vez para trabajar en la base de la mejor cantera del mundo. No sé si podía estar más nervioso el día de mi presentación en los vestuarios de la Ciutat Esportiva Joan Gamper. Guillermo Amor y Albert Puig, los coordinadores de esos años, me presentaron a los jóvenes jugadores con mucha ilusión, respeto y cariño, e inmediatamente saltamos al campo a entrenar, Puig siempre ha sido un obsesionado con no perder tiempo de entrenamiento: *"Aquí no se pierde ni un segundo en el que el jugador no esté jugando al fútbol"*. El cambio metodológico fue bestial, en el Atlético utilizábamos ejercicios para entrenar los aspectos puramente condicionales y técnicos, mientras que en el Barça, el único protagonista es la pelota. Los inicios fueron muy estresantes. Los inicios los recuerdo difíciles por la presión del escudo, de los coordinadores y de la prensa, pero gracias a los compañeros del staff, Carles López (segundo), Raúl Rincón (delegado) y Adrià Vila (fisioterapeuta), hicieron que todo fuera más fácil. Tuve que aprender muy rápidamente el diferenciado estilo de juego del FC Barcelona, de hecho cada día sigo aprendiendo cosas nuevas.

Tras cinco años en los infantiles "B" y "A" me encargaron en la temporada 2015/16 ser el segundo entrenador del Juvenil "B" de Quique Álvarez. Sin duda que el rol de segundo era totalmente nuevo para mi, aunque con dieciocho años de edad colaboré en los banquillos en un extraescolar, de nuevo me encontré con una faceta totalmente novedosa para mi. Las primeras semanas andaba muy dubitativo sobre cómo debía ser mi comportamiento con ellos y con Quique. Con los jugadores porque había sido su entrenador cuando fueron infantiles y mostraban el distanciamiento conmigo, y con Quique por el simple hecho de no fallar a alguien que apostó y confió en mi, un entrenador que conoce a la perfección el *Estilo Barça* y que mira realmente por la formación de los jugadores. Lo que más me preocupó en esos primeros pasos como segundo fue saber llegar al jugador para intentar ayudarlo, ya que siempre he pensado que si ayudas primero al jugador, estás ayudando al equipo y al míster.

Hay una frase que dice que la primera impresión es la que queda. Por eso podría decirse que el mensaje que da el entrenador con la primera charla, con las primeras decisiones importantes que toma, e incluso con la primera bronca, cala en la impresión que se puedan llevar de él los jugadores. Por ejemplo, son conocidas las palabras de Pep Guardiola en su primera charla con los jugadores como técnico del primer equipo del FC Barcelona la temporada 2008/09 (www.sport.es):

"Señores, buenos días. Pueden imaginar la gran motivación que es para mí estar aquí, entrenar a este equipo. Es el máximo honor. Por encima de todo, amo este club. Y nunca tomaré una decisión que perjudique o vaya en contra del club. Todo lo que voy a hacer se basa en mi amor por el Barcelona. Necesitamos y queremos orden y la disciplina.

El equipo ha pasado por una época en que no todo el mundo era tan profesional como debería haber sido. Es hora de correr y darlo todo. He sido parte de este club desde hace muchos años y soy consciente de los errores que se han hecho en el pasado. Yo te defenderé hasta la muerte, pero también puedo decir que voy a ser muy exigente con todos como lo soy conmigo mismo.

Sólo os pido esto. No te voy a echar la bronca si pierdes un pase, o si fallas un despeje que nos cueste un gol siempre y cuando sepa que estás dando el cien por cien. Yo podría perdonar cualquier error pero no perdonaré al que no entregue su corazón y su alma al Barcelona.

No estoy pidiendo resultados, sólo rendimiento. No voy a aceptar a los que especulen sobre el rendimiento. Esto es el Barça, señores, esto es lo que se pide de nosotros, y esto es lo que voy a pedirles. Hay que darlo todo. Un jugador por si mismo no es nadie, necesita a sus compañeros alrededor. A cada uno de los que estamos en esta sala.

Muchos de ustedes no me conocen, así que vamos a usar en los próximos días para formar el grupo, una familia. Si alguien tiene algún problema siempre estoy disponible, no sólo en materia deportiva sino profesional y familiar. Estamos aquí para ayudarnos unos a otros y asegurarnos de que haya paz espiritual para que los jugadores no sienten tensiones o divisiones. Somos uno. No hacemos grupitos porque en todos los equipos esto es lo que acaba matando el espíritu de equipo.

Los jugadores de esta sala son muy buenos, si no podemos llegar a ganar nada, será culpa nuestra. Estemos juntos cuando los tiempos sean difíciles. No filtremos nada a la prensa. No quiero que nadie haga la guerra por su cuenta. Vamos a estar unidos, tened fe en mí. Como ex jugador, he estado en vuestro lugar y sé por lo que estáis pasando.

El estilo viene determinado por la historia de este club y vamos a ser fieles a ella. Cuando tengamos el balón, no lo podemos perder. Cuando eso suceda, hay que correr y recuperarlo. Eso es todo, básicamente".

Los segundos entrenadores entrevistados recuerdan bien esos primeros momentos y algunos lo explican con cierta nostalgia.

Diego Ribera recuerda así sus primeros meses en el cargo debutando como segundo en el RCD Espanyol:

"Los primeros momentos te viene todo muy de sopetón, y sí que es verdad que aunque hayas estado dentro de un equipo de fútbol a nivel profesional como jugador no tiene nada que ver. Los primeros meses fueron duros, el equipo tampoco acababa de arrancar. Pero con trabajo se fue solucionando todo, y con la ayuda del míster y del resto del cuerpo técnico hicieron que todo funcionara mejor. Al final el primer año fue excelente, un año en el que hicimos semifinales de Copa del Rey y hasta la última jornada tuvimos opciones de meternos en Europa League".

Los inicios de Torrent fueron *"apasionantes"*, al igual que Toni Grande, quien declara tener unos grandes recuerdos de esos primeros momentos junto a Fabio Capello en el Real Madrid. Alberto Giráldez lo recuerda como muy satisfactorios ya que *"llevaba muchos años entrenando"*. Jesús Pérez, igualmente rememora esa época de la siguiente manera:

"Satisfactorio en cuanto a mi trabajo como soporte al entrenador, en la parte de la planificación y desarrollo de los contenidos del juego y como preparación del equipo, no solo en cuanto a la

preparación física. Todo y ser un club de Segunda División "B" grande, los recursos no eran demasiados. El rol de segundo o asistente debe generar una trascendencia interna, es una figura de soporte, nunca de relevancia externa".

Jon Aspiazu justo acababa de finalizar su carrera profesional como jugador cuando pasó a ser segundo del filial del Athletic:

"En esa época aún te consideras un futbolista semi retirado, estás muy cerca de los jugadores, haces las prácticas futbolísticas con ellos, participas mucho en el entrenamiento. Estaba en un filial, los jugadores estaban muy educados deportivamente después de años de trayectoria en el fútbol base. Maravillado por la capacidad de entrenamiento de los jugadores, podrían ejercitarse sin que los entrenadores «vigilaran» la sesión".

Un caso muy parecido fue el de Unzué, quien justamente la siguiente temporada de retirarse como portero profesional empieza su andadura como técnico, en este caso siete temporadas como entrenador de porteros del FC Barcelona. Ya como segundo, recuerda sus primeras experiencias junto a Luis Enrique perfectamente, de quien agradece que tuvieran un *feeling* personal previo porque eso fue lo que facilitó su proceso de adaptación:

"Fue una sensación en algunos aspectos parecida a la que había tenido anteriormente cuando eres nuevo en algo. Lo mismo cuando fui jugador, cuando fui entrenador de porteros, y cuando fui primer entrenador en Soria. La sensación es que a pesar de los muchos años que tenía acumulados y con diferentes roles en el fútbol profesional, no dejas de ser un novato en el nuevo rol. La sensación que hay mucho por aprender. Esto es lo que me animó siempre a hacer cosas diferentes, saber que cada puesto tiene sus exigencias, sus normas, sus roles, sus formas de actuar.

Además se dio en mi caso que era el único que llegaba nuevo al cuerpo técnico. En cierta manera ya conocía a Luis, a pesar del feeling que teníamos personalmente, yo no había trabajado ni con Luis ni con nadie de su cuerpo técnico. Cuando me lleva de segundo entrenador es cierto que es porque hay una gran cercanía, pero luego cada uno tenemos nuestros matices y nuestras ideas. Además yo ya he sido primer entrenador también, por lo que no fue fácil la adaptación. En nuestro caso fue muy, muy importante, yo diría que definitivo la gran conexión que había personal, porque nos ayudó a sentarnos uno en frente del otro, mirarnos a los ojos y decirnos: «¿para qué estamos aquí?» Para ayudarnos, para crecer los dos juntos, para ser más fuertes, para no ser uno y uno, sino dos. Eso ayudó mucho, el buen feeling".

Por su parte, los temores iniciales de Víctor Sánchez se debieron sobre todo por el cambio de idioma y por ser novel en el mundo del fútbol profesional:

"Hay un par de cosas que recuerdo: la primera es que yo marcho al extranjero en un lugar donde mi dominio del inglés no era el mejor, por lo que marcho con un poco de miedo por ver cómo seré capaz de comunicarme. Por otra banda, con el cuerpo técnico sabía que me podría comunicar en español, cosa que hizo que me quedara un poco más tranquilo. Y lo que más recuerdo es la duda con lo que me podría encontrar, con una gran diferencia de los chicos que había entrenado siempre que eran cadetes y juveniles, a trabajar con un equipo profesional.

Lo que resultó es que no encontré ninguna diferencia, que tratabas con personas iguales, no noté ninguna diferencia entre entrenar un jugador profesional con un jugador cadete del Barça. Lógicamente más allá de ninguna diferencia de entender a las personas, un jugador cadete con quince años tiene unos problemas, y un jugador profesional tiene otros problemas".

Como le pasó a Víctor, uno de los mayores temores que tienen muchos entrenadores antes de aventurarse en un proyecto en el extranjero es la dificultad del idioma. Realmente somos lo que decimos y como lo decimos, nuestra proyección hacia los demás se basa en nuestras palabras y en el lenguaje corporal. Sin duda que si no se conoce el idioma del país allí donde se quiere trabajar como técnico, la dificultad añadida está garantizada desde un principio. Si se tiene tiempo previo para aprender lo más básico, llegar a dominar los conceptos más fundamentales del idioma y conocer algunas palabras técnicas del fútbol, se va a ganar mucho. Es increíble con que poco se puede llegar al jugador. Es obvio que el gran problema está en un inicio, en no conocer nada del idioma, el no poder expresarte ni para dar los buenos días, el tener que necesitar un traductor en todo momento (sin quitar mérito ni oficio al trabajo del traductor en el deporte).

Personalmente tengo la suerte de poder viajar al extranjero para competir en torneos internacionales y para entrenar en los *Summer Camps* de la FCB Escola. En aquellos países donde pude expresarme mediante mi inglés de nivel medio, no noté una gran diferencia de hacerlo en mi idioma natal. El problema lo hallé en Pekín (China), donde necesité lógicamente un traductor para plantear cada uno de los ejercicios durante dos semanas. Aprendí lo difícil que se hace entrenar de esta manera, sin poder llegar al jugador, sin poder hablar ni dirigirme directamente a él, sino hacia el traductor. Otro problema añadido es que el traductor no sea de calidad y que no se consiga transmitir lo que realmente se quiere.

AUTOPERCEPCIÓN

> *"Solo hay una manera para evitar las críticas: no hacer nada, no decir nada y no ser nadie".*
>
> ARISTÓTELES

En baloncesto hace tiempo que el valor de un "entrenador ayudante" (así es conocido comúnmente en este deporte) es ampliamente reconocido. En fútbol ha costado un poco más de tiempo, pero ya tenemos los primeros indicios claros de una conciencia hacia el reconocimiento del segundo entrenador.

Por ejemplo, existen numerosos escritos en prensa que resaltan esta figura destacando sus diferentes labores, las intervenciones desde el banquillo durante los partidos e incluso sus conversaciones con el primer entrenador. Valga como ejemplo algunos artículos de los diarios deportivos. Uno dedicado a Steve Walsh, segundo de Claudio Ranieri en el Leicester City FC campeón de la Premier League 2015/16, nombrándolo como *"El héroe discreto"*, y otro a Juan Carlos Unzué como *"El crack en la sombra del Barça"* en las últimas temporadas victoriosas para el FC Barcelona (www.sport.es):

> *"No se habla de él ni ocupa portadas, pero los números demuestran que Unzué es uno de los principales 'culpables' de la gran temporada que está haciendo el Barça".*

Otro medio que destaca la labor del segundo es la revista digital de la Selección Española de Fútbol (www.sefutbol.com), titulando su artículo sobre Toni Grande como *"El gran hombre detrás del seleccionador"* y diciendo textualmente:

> *"Una de las labores más importante después de la de Vicente del Bosque es la que lleva de forma constante y callada Toni Grande, el segundo de la Selección Española".*

¿Qué debe percibir sobre si mismo y sobre su labor el segundo? ¿Se debe sentir bien valorado por el entrenador? ¿Debe sentirse importante? ¿Siente realmente que el entrenador le necesita? Son cuestiones que se han preguntado a los segundos para saber cómo se auto valoran y conocer lo que creen que piensan de ellos mismos sus técnicos.

Unzué es de los que opina que los únicos imprescindibles son los jugadores, él lo único que intenta es aportar y ayudar al entrenador haciendo una labor de segundo compartida con Robert Moreno:

"Él desde el primer momento me hizo saber que mi rol como segundo entrenador iba a ser compartido. En mi caso el quería que yo estuviese siempre a su lado, pero en cierta manera con un status compartido (...)".

"A mi me gusta la sensación de poder aportar, qué puedo hacer yo que Luis sea mejor entrenador, para que el cuerpo técnico pueda crecer. A partir de ahí mi pensamiento siempre está en sumar. Hay que cosas que tú puedes sumar desde una percepción muy individual, que son virtudes que puedes adaptar al cuerpo técnico y al entrenador, y hay otras que tu tienes la capacidad de observar y percibir qué necesita o en qué le puedes ayudar más al entrenador. Es un tema más de percepción de las necesidades. Lo que yo intento es sumar, aportar al grupo".

Diego Ribera no se ve como fundamental o imprescindible, pero sí opina que su aportación es importante para Sergio y el rendimiento del equipo:

"Creo que los fundamentales son los jugadores y el primer entrenador. Los demás intentamos ayudar para que todo funcione bien y que el primer entrenador tenga las soluciones para poder decidir como él quiere decidir. Yo sí que me siento importante, soy elegido por el entrenador, y al final es una de las cosas que yo le doy mucha importancia. Me siento importante pero para nada imprescindible".

De esta manera siente que el míster le necesita y valora muy positivamente que de entre muchas opciones le haya escogido a él:

"Me siento importante para él porque él me eligió. Será porque le aportaré algo que le gusta, o que le hace sentir bien, o que piensa que le ayuda. Yo he tenido la suerte que me eligiera a mi, pudiendo haber elegido a mucha gente, por eso siento que quiere que esté con él, siento que mi aportación le debe ser válida".

Grande y Torrent, de la misma manera que Ribera, se sienten importantes y tienen la misma impresión de ser necesarios para sus respectivos entrenadores, ambos sienten que le ayudan. Giráldez tiene una autopercepción sobre su trabajo como *"complementaria, de equilibrio y que aporta experiencia"*, a su vez está seguro que su entrenador le necesita.

Aspiazu, por otra parte, juzga su labor dentro del staff como *"corporativa"*, y nos lo argumenta de la siguiente manera:

> *"El entrenador es el eje central del proyecto y todo el cuerpo técnico se orienta a facilitar su labor. El primer entrenador es muy personalista en el control de todos los detalles que afectan al día a día, en todos los aspectos. Pero también procura atender todos nuestros puntos de vista, siempre está abierto al diálogo y al debate".*

Al preguntarle si siente que el míster le necesita, declara que tras años de convivencia con Valverde, siente que la confianza mutua entre ambos hace más fácil el trabajo:

> *"La capacitación de Valverde es muy grande, podría manejar todo lo referente al equipo. Nosotros estamos allí para facilitar su labor y que se centre, sobre todo, en los aspectos más importantes del equipo. Mantenemos una relación de confianza que viene de lejos y no necesitamos demasiados detalles para reconocer lo que necesitamos uno del otro".*

Pérez destaca la importancia que le da a no querer destacar, a no querer ser una figura pública, sino que rinda de puertas para dentro:

> *"Es un rol muy personal, cada primero crea la figura de su segundo. Los roles se definen en base a las capacidades y sobre todo la confianza. Él me hace participe y me incluye como muestra de confianza. La importancia del asistente no esta en la imagen pública sino en el rendimiento interno".*

Se siente importante porque su entrenador así se lo hace saber, y porque confirma ser su extensión dentro del club, siendo una gran responsabilidad para él:

> *"Tengo la sensación, y el entrenador me lo hace saber, que soy importante. Si me necesita? A mi me hace sentir importante en el día a día, me hace sentir que tengo responsabilidad, que tengo un espacio muy grande, que tengo mucha responsabilidad hacia él y hacia el club, porque*

cada cosa que yo haga o diga repercute en él, soy su imagen cuando él no está en muchas cosas.

Ya dan por hecho, que cuando hablan conmigo, es como si estuvieran hablando directamente con él. El sentimiento que tengo, más allá de que tengo que hacer mi trabajo bien, es muy importante como yo me comporte porque soy la imagen de él, le represento, más en un país donde el idioma es un elemento de conexión o de malinterpretación".

Sánchez por su parte destaca que todas las personas del staff de Paulo Sousa tienen una importancia elevada, él es una pieza más. A su vez se siente escuchado y muy bien valorado por el técnico:

"Yo soy una pieza más de un staff muy global, donde sobre todo los cuatro personas que llevamos juntos estos cuatro años, todos tenemos una importancia muy elevada, sabiendo muy bien que el líder del proyecto es el míster. El que acaba de tener más valentía o no a la hora de tomar cualquier decisión acaba siendo el míster. Hablo también en nombre de los demás, yo me siento muy valorado, se nos escucha mucho en todo aquello que aportamos, bien sea en tareas de entrenamiento, en opinión de jugadores, bien sea lo qué vemos en el partido, los cambios, qué cosas pueden favorecer el equipo durante el juego, cualquier cosa".

A su vez cree ayudar al entrenador, pero no piensa que Sousa deba necesitarle como tal, opina que es prescindible, como los demás integrantes del staff:

"La pregunta sobre si creo que me necesita, la palabra «necesita» es un poco fuerte. Sí pienso que le ayudo. Que me necesite es otra cosa, todos somos completamente prescindibles. Que me escucha y que le ayudo, creo que sí".

PREOCUPACIONES, PRESIÓN, ANGUSTIA

"No hay nada mejor que la adversidad. Cada derrota, cada angustia, cada pérdida, contienen su propia semilla, su propia lección sobre cómo mejorar tu rendimiento la próxima vez".

MALCOLM X

¿Cuáles son aquellas cosas que más preocupan a los segundos? ¿Qué les produce más intranquilidad en su profesión? ¿Deben ser las mismas que las de su técnico? Los primeros entrenadores, quienes viven atados a la inercia de los resultados semana tras semana, quienes son los mayores responsables de las derrotas del equipo, en quienes recae directamente la culpabilidad de la falta de rendimiento, quienes tienen que dar la cara de puertas hacia dentro y también hacia fuera; éstos no tienen las mismas preocupaciones que los segundos. Al final el éxito personal como técnico dependerá de las veces que el equipo gane y de las que no. ¿Está realmente el segundo tan enfocado en esa misma dirección? Evidentemente que sí, que el segundo quiere ganar tanto como su entrenador, pero con matices que van a cambiar su forma de pensar y de actuar. Es de suponer que, como cada persona, cada segundo tiene sus propias preocupaciones dentro del staff y del equipo, pero en general todos trabajan en ayudar al equipo para ser mejores.

Dentro de las particularidades de cada uno, la mía es estar cerca de aquellos jugadores que más ayuda necesitan. Dependiendo de cada momento de la temporada, dar apoyo a aquellos jugadores que sobre todo están participando menos, mostrar una verdadera preocupación por el estado personal del jugador. Siempre he creído que un buen equipo es aquel en que todos sus miembros están unidos en la búsqueda de un objetivo común, como se suele decir en el argot futbolístico: "Ir todos a una". Soy una persona que intenta ser cercano a ellos, conocer sus pensamientos y su motivación del momento; y conseguir que expresen con sinceridad sus pensamientos y problemas es uno de los aspectos que más me preocupan. No solo trabajo por los que juegan menos, sino también por conocer el estado mental de los lesionados y por los jugadores que no están a su mejor nivel de rendimiento, jueguen o no. También intento ser más cercano al míster cuando el equipo no gana, cuando puede parecer un momento más delicado para el técnico, cuando puede necesitar más el apoyo de su segundo.

La mayor preocupación de Alberto Giráldez es cumplir siempre con sus funciones; para Torrent es poder ayudar y entender el rol que tienes de segundo; para Aspiazu son *"cumplir los objetivos que vamos marcándonos como equipo, progresar como equipo en todos los ámbitos"*; y para Grande es ser eficiente, leal y sincero.

La preocupación de Unzué se relaciona en poder sumar siempre, ayudar al entrenador en las situaciones cambiantes:

> *"La sensación de sumar, de poder aportar algo. Tengo la suerte de haber hecho mi hobby una profesión. Es una satisfacción en cierta manera en lo que hago, como jugador, en cualquier rol de los que he tenido. En este sentido el venir a trabajar, poner horas y dedicarle mucho tiempo no es una exigencia, no es algo que me pueda preocupar. Sí que me preocupar el seguir siendo capaz de seguir observando y de que manera puedo aportar al equipo y al entrenador. Sentirme útil en cada momento. Las circunstancias no son siempre las mismas durante un año, son cambiantes. Los resultados nos condicionan mucho a todos, y cada semana puede ser diferente. Lo que te ha valido en un equipo puede que ahora no te valga. Esa capacidad para observar y percibir es importante para mí. Preocupación sí, pero es mi trabajo".*

Diego Ribera además de preocuparse por su entrenador, también lo hace por sus jugadores en el terreno de juego:

> *"Mi mayor preocupación sobre el terreno de juego es cuando doy una orden o estoy en una tarea, que el jugador entienda lo que queremos hacer y lo que queremos trabajar en esa sesión. Luego, en cuanto al entrenador, agradarle y que él sienta que yo soy importante para él".*

Pérez enfoca sus preocupaciones en cómo ser mejor cada día como una obsesión profesional:

> *"La tengo clarísima, siempre la tengo en la cabeza: cómo podemos ser mejores en nuestra manera de gestionar y de entrenar año tras año. Qué es lo que podemos hacer, qué es lo que nos puede ayudar a mejorar, enviamos a la gente*

donde sea e invitamos a que nos vengan a ver. Qué podemos mejorar metodológicamente, de recursos humanos, de tecnologías a nivel condicional y a nivel de análisis, de gestión de grupo, como mejorar el staff del club, como mejorar las relaciones internas, nuestra gran obsesión es como evitar debilitarte y seguir mejorando. Analizar que pasa en otros contextos, en otros equipos y en situaciones por las que pasan otros equipos, para extraer principios que quizás algún día tu necesitarás aplicar".

Víctor Sánchez se muestra muy claro en cuanto a sus preocupaciones como segundo, pero lo que menos le gusta es fallar en alguna decisión tomada:

"No tengo muchas preocupaciones, pero lo que sí podría ser una es que llegue el momento en que vea una cosa y no sea capaz de transmitirla. También, no es que me preocupe porque forma parte de la vida equivocarse, pero por ejemplo tomar una decisión y ver que no ha sido la más certera, no me genera preocupación pero es lo que menos me gusta".

Además de querer conocer las preocupaciones de los segundos, vi interesante conocer como viven ellos la presión de los resultados, si les crea angustia o agobio en su trabajo, si es comparable a la del técnico principal. Patricia Ramírez trata a mi parecer con mucho acierto el tema de la presión y el exceso de responsabilidad que tiene el entrenador, y lo define de la siguiente manera (2014: 184-185):

"La presión es una fuerza psicológica que somete a la persona, obligándola a dar unos resultados que no siempre dependen de ella. Por lo que la situación de exigencia se convierte en una amenaza ante la que el entrenador puede verse sin los recursos suficientes. La presión es fruto de la percepción e interpretación que los entrenadores hacéis de vuestra profesión, del entorno, de los resultados y de las exigencias del club, la afición y la prensa. Se asocia con el miedo a perder su estatus, a perder el puesto de trabajo, a ser criticado cada fin de semana en función del juego y a salirse de la rueda de entrenadores debido a una mala racha".

Pero, ¿el segundo nota esa presión de la misma manera? ¿Siente que padece angustia o agobio? Del mismo modo que las satisfacciones y las preocupaciones de los segundos entrenadores son distintas a la de los primeros, ¿Cómo son los sentimientos desde un segundo plano? Quien haya podido experimentar ambas posiciones se dará cuenta rápidamente de la gran diferencia que hay entre ser primero y segundo, debido sobre todo a la responsabilidad. Y es que el fútbol se vive de diferente manera desde un banquillo sin la presión directa del resultado. Cuántas veces hemos oído decir o experimentado el cambio de personalidad del entrenador dentro y fuera del banquillo: *"En los partidos se convierte, es otra persona"*. Los nervios debido a la presión del querer ganar hacen cambiar la actitud de los entrenadores y alterar sus comportamientos, incluso los más expertos y laureados admiten quedarse sorprendidos cuando se ven después en televisión. Es el caso de Mourinho, quien declaró un día preferir no verse después en televisión por todo lo que hacía en la banda.

Esto no le suele ocurrir a los segundos, que casualmente suelen mostrarse más tranquilos y sosegados. No es que coincida el perfil de personalidad de todos los segundos, es que la presión del segundo en un banquillo es mucho menor que la del primero, razón por la que debe ayudarle a ver y actuar con claridad cuando los nervios le traicionan.

Los segundos entrevistados muestran varias respuestas diferentes: Grande, Unzué, Torrent, Pérez, Sánchez y Giráldez rechazan notar presión, angustia o agobio por su trabajo, mientras que Ribera y Aspiazu sí que nombran la presión en el ejercicio de su profesión.

Unzué, quien ha ejercido de primero y de preparador de porteros, ha vivido la gran diferencia que hay entre primero y ayudante:

"Yo puedo hablar por experiencias propias, y lo que sí he sentido una gran diferencia entre lo que se siente siendo primero entre lo que siente siendo un ayudante. La diferencia es abismal, incluso si tú tienes responsabilidades individuales como segundo entrenador, que en mi caso yo las tengo, es igual, al final la sensación que percibes al igual que todo el equipo, es que el míster es el que acaba decidiendo. Es el que asume la responsabilidad, puede que haya cosas que otros deciden, pero él asume toda la responsabilidad, de las decisiones propias y de las de su cuerpo técnico. Como ayudante es mucho más fácil mostrar tú idea sabiendo que él es el responsable, entonces la diferencia es muy grande".

Además argumenta cómo llevar la presión, de cómo poder manejarla en un momento dado, sobre todo bajo el cargo de técnico principal:

"Es un error no demostrar nuestras debilidades, el sentirse angustiado, sentir que tienes presión; cuando resulta que es lo más normal y habitual del mundo. La única manera de crecer, no solo como segundo entrenador, sino también como primero, es saber y reconocer tus debilidades porque eso hace que en un momento dado seas capaz de transmitirlas. Cuando las he tenido, el simple hecho de transmitirlas me ha aliviado. Si tú sabes tus propias limitaciones, siempre pensando en evolucionar y mejorar, si eres de capaz de hacer autocrítica y de pensar sobre esto, debes saber rodearte de los mejores que puedan darte aquello que tú no tienes".

Toni Grande no siente presión por su trabajo, pero sí que le causan angustia las acciones externas a las deportivas, al igual que Torrent, quien no tiene ninguna presión ni angustia dentro del fútbol. Aún más rotundo se muestra Giráldez en su respuesta: *"No, en absoluto. Ninguna angustia, agobio ni presión".*

Sánchez por su parte tampoco nota ningún tipo de presión, es más, disfruta de la incertidumbre en el día a día del fútbol profesional:

"No tengo presión. Disfruto mucho. Entiendo que en el tema mediático no tengo ninguna presión como la tiene el míster. No tengo presión de los medios, no tengo presión por parte de los dirigentes del club, no tengo presión por parte de los aficionados…toda esta presión se la lleva el míster. No tengo nada de presión, y la que podría tener es la que nos ponemos nosotros mismos, en querer conseguir los objetivos. No es una presión que me provoque angustia, al revés, es una presión que me gusta. Disfruto de la presión del día a día, de los resultados, de la preparación de los entrenamientos, de la incertidumbre, etc. De todo esto disfruto bastante".

Pérez resalta el entorno tan favorable que vive en el club inglés, de comodidad laboral y logística, sin inestabilidad, por ello no padece angustia ni presión por su trabajo:

"No tengo ninguna angustia o presión por mi trabajo. Sí que noto la responsabilidad, la decepción o alegría cuando

> *ganamos. Somos gente que le dedicamos muchas horas en el club, diez o doce horas diarias. Sí que intento no estar muy contento ni muy decepcionado. Trabajamos en un entorno muy estable, no existen la inestabilidad o desprotección económica de clubes débiles. Este nivel competitivo es de máximo nivel pero también de máxima comodidad laboral y logística".*

Por el contrario, Aspiazu afirma notar la presión por la clasificación y el juego del equipo, y Diego Ribera sobre todo cuando el equipo no consigue el objetivo el fin de semana. Éste último también achaca esa presión a su juventud y falta de experiencia:

> *"Dentro de estos dos años hemos pasado de todo, momentos malos a principio de temporada en el año pasado en el cual el equipo no acababa de arrancar, luego buenos en la Copa del Rey, y muy buenos a final de temporada, excelente. Pero cuando las cosas no salen bien, si que sientes esa presión que un equipo de primera división te da. Lo que te da más presión, es que trabajas toda la semana para que salgan bien las cosas, para que el resultado del domingo sea positivo y muchas veces no salen, y esa presión la vives. Encima nosotros somos un cuerpo técnico joven y acabamos de empezar en esto, y quieras o no tienes más presión porque no tienes esa experiencia que puedan tener otros entrenadores".*

Estoy seguro que si existiera una cultura diferente por parte de los directivos de los clubes en dar mayor confianza y continuidad en el trabajo de los entrenadores como sucede en Inglaterra (sobre todo antes), el rendimiento a corto plazo de los equipos podría ser mayor, sin la presión inmediata en la que el presidente pueda rápidamente prescindir del entrenador y contratar a otro en las primeras semanas de competición. Un técnico sin la presión de la directiva y con la confianza del presidente, se siente con más fuerza, con mayor poder de ejecución y capacidad de maniobra con sus jugadores. Por el bien del equipo y del club, necesita la confianza de la directiva para ganarse la de los jugadores.

MAYORES SATISFACCIONES

> *"Aún en el hacer bien, lo primero es la satisfacción personal, el bien de la otra persona permanece siempre en segundo lugar".*
>
> MARK TWAIN

Ya se ha argumentado anteriormente que la gran diferencia entre el primer y el segundo entrenador está en la responsabilidad. Éste gran peso del devenir del equipo que siempre recae principalmente sobre el primero, conlleva una serie de pros y de contras a diferentes niveles según la personalidad de cada uno. La presión del entrenador es uno de los aspectos negativos del cargo; pero por el contrario, goza de privilegios como el liderazgo, la autonomía, el poder de decisión y el protagonismo.

El segundo se mantiene en un segundo plano ante la responsabilidad de las victorias y de las derrotas del equipo, éste vive de diferente manera el día a día del rendimiento del grupo. Digamos que la responsabilidad general del equipo se la lleva el técnico principal, mientras que el segundo mantiene una responsabilidad ligada sobre todo a los jugadores del equipo y al míster. Sus motivaciones personales van más encaminadas hacia las personas con las que trabaja que hacia el grupo como un todo. Eso hace que sus satisfacciones y preocupaciones personales puedan ser distintas a las del primer entrenador, aunque sí es cierto que dependerá sobre todo del propio carácter del segundo y del tipo de relación que tenga con el primero: si es una persona muy arraigada a su técnico, relacionará sus satisfacciones a él; si es del tipo de persona que se centra sobre todo en si mismo, sus motivaciones estarán dirigidas hacia sus funciones específicas dentro del staff; y si es una persona que mira más por los demás que por si mismo, centrará sus esfuerzos en sus jugadores y en rendimiento del equipo.

Cuando se le pregunta a Giráldez sobre su mayor satisfacción laboral como segundo, se centra básicamente en los jugadores: *"Mi mayor satisfacción es comprobar el aprendizaje de los jugadores"*. Para Aspiazu, además de verificar que el fútbol sigue siendo su pasión y trabajo desde joven, es *"observar la evolución del equipo, ver el progreso individual y colectivo de los jugadores"*.

Por otro lado, Toni Grande encuentra la mayor satisfacción en su profesión en *"el reconocimiento de todos los entrenadores a los que dediqué mi trabajo"*, y para Torrent, además de poder hacer lo que más le gusta, es ser útil para su entrenador.

Del mismo modo, las mayores satisfacciones de Ribera no van ligadas tan solo al equipo, sino a que su labor haga rendir mejor al míster:

"A nivel de partido, una de las cosas que más satisfacción te da es cuando haces una aportación y da resultado, bien sea por un cambio que le comentas al primer entrenador, y ese cambio gana el partido o hace que el equipo sume puntos, eso es lo más importante. Luego en el día a día que el míster esté lo más cómodo posible para estar totalmente centrado a lo que se tiene que dedicar".

Por su parte, Pérez enfoca sus satisfacciones laborales relacionándolas directamente con su cargo en el fútbol inglés, sintiéndose muy útil para él:

"La satisfacción la encuentro en el desarrollo diario de mis responsabilidades. En un club como el Tottenham y en una estructura británica, mi responsabilidad básica es la conexión del manager con los diferentes departamentos de rendimiento y de gestión que interactúan con el equipo y con el propio manager. Coordinación metodológica, logística y desarrollo de contenidos en el terreno de juego. Somos un equipo muy amplio sobre todo en el departamento de rendimiento así como en el de análisis".

A Víctor le satisface sobre todo el ganar, pero además de eso y pensando en sus jugadores, ver como se sacrifican sin pedir nada a cambio, porque creen en lo que están haciendo, convencidos:

"Primero ganar. Pero después cuando veo que los jugadores están convencidos de eso que están haciendo. Que se los ve contentos con las tareas que hacen, que se les ve que se sacrifican sin pedir nada a cambio, se sacrifican porque creen que es lo que tienen que hacer. Esto puede que sea lo más satisfactorio, ver como la gente sigue lo que se ha propuesto".

La mayor satisfacción de Unzué es aportar al jugador y al equipo la sensación propia de que se ha trabajado para ayudarles, para mejorarles como jugadores de fútbol profesional:

"Después de tantas experiencias, quizás donde más lo logras es como primer entrenador. Es la sensación de aportarle al jugador y al equipo como colectivo que ellos sientan que tú les has mejorado, ayudado. Eso puede ser una sensación tuya o te lo pueden hacer llegar. En el fondo es un egoísmo, pero un egoísmo muchas veces altruista porque lo das todo, estás pensando en ti pero estás dándolo a la otra parte y siente que le has ayudado. Esa es mi mayor satisfacción y por la cual sigo en este mundillo, bien de primero o de segundo, aunque de segundo tiene menos volumen que de primero".

El pamplonés plantea el egoísmo del entrenador, y es un tema que vale la pena señalar. Apunta que es un *"egoísmo altruista"* porque lo entregas todo para que el jugador mejore, pero sobre todo como te interesa que mejore por tu propio beneficio, para que el rendimiento del equipo aumente. Y es cierto, es egoísta porque de él depende el rendimiento de sus jugadores. Cuanto más puedas enseñarles y hacer que estén por la labor de aprender y mejorar, mejor será tu equipo, más partidos podrás ganar, y por ende más exitoso serás en tu labor de entrenador.

COMUNICACIÓN CON LOS JUGADORES

> *"Por poco que se trate a las gentes con bondad, justicia y equidad, y depositando en ellos la confianza, el ejército tendrá espíritu de equipo y todos se sentirán felices de seguir a sus jefes".*
>
> SUN TZU

Cada persona trata a los demás de una manera distinta, hay tantas formas de relación social como formas de ser. Cada ser humano es único e irrepetible, por lo tanto cada uno actúa de una manera diferente y se expresa según su forma de ser. Aún así, se clasifican a los entrenadores según su estilo de comunicación y liderazgo destacando unos rasgos diferenciadores. Es en la psicología del deporte desde donde se distinguen cuatro estilos por la forma de liderar y de relación con los jugadores: el *democrático* promueve el diálogo y prioriza la participación del grupo teniendo en cuenta sus opiniones; el *autoritario* marca mucho las distancias y toma sus propias decisiones sin consultar; el *persuasivo* mantiene una relación muy cercana con el jugador, casi paternalista; y el *permisivo* o *laissez faire* utiliza un liderazgo delegativo y poco intervencionista dejando mucha autonomía al jugador.

En cuanto al segundo, no se ha encontrado una clasificación psicológica ya que no se ha estudiado profundamente este rol. Además, el segundo no es tan influyente sobre el jugador ya que como se viene comentando, las decisiones finales y la responsabilidad final es del entrenador principal. Así que, a priori, cada segundo es diferente, como señala Domenec Torrent: *"Eso depende de la forma de ser de cada persona"*, o según Jesús Pérez: *"Cada entrenador crea su segundo"*.

Aún así y con la dificultad que ello conlleva, me aventuro a definir dos tipos de segundo entrenador: el *amigo* íntimo, quien va muy de la mano del primero, enfocando sus labores en ayudarlo sobre todo a él, a tenerlo cerca en los momentos difíciles siéndole fiel y dándole los mejores consejos gracias a la confianza que viene de años atrás. Ésta es una elección personal del técnico, a quien deposita toda su confianza y ya sabe que le va a ser leal, cercano y sincero. El otro tipo es el *especialista*, quien conoce la materia de ayudante a la perfección por sus antiguas experiencias y currículum. Éste no tiene porque ser escogido específicamente por el entrenador, sino que puede ser recomendado por alguien de su mismo círculo de confianza, aunque lo más normal es que ya se conozcan de experiencias anteriores, bien sea como jugadores o como técnicos.

Sí hay una característica común en todas las respuestas de los segundos entrevistados sobre la comunicación con los jugadores, es que todos ellos creen que es fundamental o muy importante, como apunta Toni Grande. De hecho, para Domenec Torrent resulta *"imprescindible para mejorar el rendimiento personal del jugador y global de la plantilla"*. Jon Aspiazu lo considera un tema *"indudablemente vital para nosotros conocer cómo son, lo que sienten, sus preocupaciones, sus intereses"*, y añade a continuación:

> *"Supone, además, una tarea más reservada para los integrantes del cuerpo técnico, preparador físico, entrenador de porteros, recuperadores, fisios, médicos. Nuestra relación con los jugadores es más personal, al final el entrenador debe tomar decisiones sobre los jugadores y las implicaciones personales no pueden ser tan estrechas que luego puedan influir en las decisiones deportivas".*

Para Sánchez la comunicación en un trabajo con personas es básicamente imprescindible:

> *"Imprescindible para cualquier trabajo con personas. Las relaciones humanas forman parte de este trabajo, y la comunicación es imprescindible, primero para saber qué puedo pedir, y después para saber que aquello que me está dando el deportista se ajusta a lo que pide. Creo que es imprescindible en las relaciones humanas a todos los niveles, tanto en comunicación, como en conocimiento, como comprensión, como empatía, como asertividad... en todo. Imprescindible".*

Alberto Giráldez sigue la misma línea de opinión, considerando además que se debe tener un conocimiento previo de la persona para saber qué puede necesitar oír:

> *"Tomar tiempo para conocerse con sus deportistas, conocer como son, lo que sienten, sus preocupaciones y sus intereses es la base de la comunicación. Además de saber con quien te comunicas, qué necesitan oír y qué son capaces de incorporar".*

Ribera también considera importante conocer mejor a sus jugadores de forma personal, aunque no lo define como determinante para el rendimiento:

> *"Creo que es importante, la información es poder. Toda la información que puedas conseguir de todos los jugadores te ayudará a tomar mejores decisiones. Es importante pero no es determinante, porque muchas veces no sabes nada del jugador y al final éste rinde, pero no está de más conocer sobre todo la forma de ser de cada uno, sus problemas, sus preocupaciones, para poder decidir mejor y valorar mejor su rendimiento".*

Según Unzué, además de hablar con el jugador se debe observar como actúa en cada situación para conocerlo mejor:

> *"Sin duda que la comunicación con los jugadores ayuda muchísimo, pero por desgracia en nuestro caso el fútbol, lo que menos suelen tener los técnicos es tiempo. Entonces tienes que ser capaz de empaparte de todo lo que ha ocurrido alrededor del grupo, y no solamente a nivel futbolístico. Yo creo mucho en los estados de ánimo. Para conocer el estado de ánimo de una persona, lo has tenido que observar, percibir como actúa cuando gana, cuando pierde. Es una rutina de estar siempre observando, percibir cosas que con el tiempo y con la experiencia ves que se repiten, no solo en las personas sino también en las situaciones más o menos parecidas".*

Pérez va más allá y plantea la importancia de la forma de ser de sus jugadores, prevalece la propia persona y sus asuntos personales a lo puramente futbolísticos:

> *"Mauri tiene un lema y es la primera norma que siempre utilizamos: primero está la persona y después el futbolista. Todas las decisiones que tomamos lo hacemos pensando primero que es una persona y después es un jugador. El fútbol de alto de nivel te exige y te pone en dificultad por la cantidad de elecciones que debes hacer ante un grupo amplio, pero debe regir algunos principios como el de competencia para la selección pero en la gestión del grupo, la persona está por delante del jugador ya que a lo largo de una temporada son muchas las situaciones donde este*

> *principio va a ser requerido para la resolución de conflictos o situaciones individuales".*

Éste es un punto de vista muy interesante ya que le da un sentido muy humano al jugador. Es evidente que esta forma de actuar con el deportista es, si se sabe llevar con la óptima medida, muy positiva para el manejo del grupo. El equipo aprecia un trato muy humano, sobre todo ante los malos momentos personales de cada uno. Si el técnico está para ayudar a los jugadores a que mejoren su rendimiento deportivo, también lo está para ayudarles como personas cuando lo necesiten. No me cabe ninguna duda que el jugador, tanto a corto plazo como sobre todo a largo plazo, sabe valorar los gestos humanos de los técnicos, y cuando sepan mediante hechos que éstos se preocupan realmente por su bienestar y felicidad más allá de lo meramente deportivo, el grupo se lo devolverá con lealtad, esfuerzo e implicación.

Al analizar el tipo de comunicación que mantiene un segundo con los jugadores, me rondan por la cabeza sobre todo dos preguntas: ¿Suele ser de manera individual o grupal? ¿El estilo de comunicación con los jugadores es muy diferente de la que tiene el primer entrenador?

Sánchez y el staff del equipo italiano no tienen una manera estipulada o planificada de comunicarse con los jugadores, a veces es grupal y otras individual:

> *"Depende. A nivel puramente individual, de manera planificada no tanto. Tengo una relación muy buena con los deportistas y puedo tener comunicaciones individuales pero son los casos más esporádicos. A nivel grupal en los entrenamientos, si lo he de comunicar yo o otras asistentes, tenemos mucha comunicación grupal. A nivel individual se puede dar pero no tenemos una planificación de decir que alguien se encargue de hablar con tal jugador, extrae este tipo de información. No tenemos una planificación de las competencias de cada uno en el tema de la comunicación individual o grupal. Tengo comunicación grupal e individual pero no porque esté estipulado así, sino porque surge de manera natural".*

Es probable que nunca te hayas parado a pensar en llevar un control de la comunicación con los jugadores. Apuntar que éste seguimiento puede ayudar al técnico (a cualquiera del staff, pero sobre todo al primer y segundo entrenador) a saber cuántas veces se ha reunido o hablado personalmente con cada jugador. Con un simple control de con qué jugador, las veces, el día, el tema que se trató, el *feedback* que se obtiene y la información personal que aporta; pienso que se puede obtener un valioso documento. Se recopilan datos de con quien se habla más, con quien hace mucho tiempo que no se le dedica una atención personal, con quien solo se comunica para animarle en los malos momentos, o de lo contrario solo felicitarle tras un buen partido, o para recriminarle. Con el paso del tiempo se sabe a que jugadores prestas más atención y dedicación, bien sea por simple *feeling* personal o por un tema de rendimiento del equipo.

Siempre he pensado que si de todo el esfuerzo que se realiza en recopilar y almacenar información se consigue extraer una sola conclusión, ya vale la pena el tiempo invertido. Está claro que los jugadores se merecen la atención de su entrenador, que sea lo más ecuánime posible, aunque ya se sabe que eso es muy difícil. La hoja de control de comunicación, sin duda ayuda en ese aspecto.

A su vez, Sánchez comenta que son los jugadores quienes tienen una manera diferente de comunicarse con según qué personas del cuerpo técnico, surge de manera natural ya que conocen las jerarquías:

> *"Creo que es a la inversa. La comunicación de los jugadores conmigo y la que tienen con el entrenador es diferente. No es que la nuestra sea diferente con ellos, sino que ellos sí que lo hacen diferente. Es una cosa completamente natural, hay cosas que un jugador tendrá más ganas de decírselo al míster antes que a mi, y unas otras que serán al revés. Es normal que el jugador se dirija de manera diferente a mi que soy un asistente, que al míster ya que es la persona que encabeza el grupo. Saben que las jerarquías son diferentes y por eso es normal que se dirijan de manera diferente a nosotros".*

Toni Grande destaca por encima de todo el respeto mutuo como premisa fundamental para tener una buena comunicación y establecer así una relación profesional adecuada:

> *"Exceptuando unos pequeños detalles, el tipo de comunicación que utilizo con los jugadores es igual que la de Vicente del Bosque. El respeto mutuo es fundamental en la comunicación".*

Torrent tiene con sus jugadores *"un tipo de comunicación grupal e individual, tengo reuniones con todo el grupo y cuando toca individuales"*. Además deja claro que la forma de ser de cada uno define el tipo de relación y comunicación que se tenga con los jugadores:

> *"Creo que la comunicación que tengo con los jugadores es diferente a la de Pep Guardiola, pero no mucho. Eso siempre pienso que depende de si eres muy cercano o no".*

Se tiene la tendencia a pensar que un segundo entrenador siempre es más cercano al jugador que un primero, pero como bien señala Torrent, depende de la forma de ser de cada segundo. Además, su rol debe quedar bien preestablecido con el primer entrenador, si se decide que éste sea más cercano para ayudar a los jugadores de una forma más personalizada y obtener así información de ellos; o de lo contrario se obtiene una postura de distanciamiento de igual forma que el primer entrenador. La importancia de definir bien los roles es una de las claves del proceso de comunicación y obtención de información de los jugadores, así como consensuar el mensaje que se quiera hacerles llegar de forma individual.

En esta misma línea de pensamiento está Unzué, quien afirma que lo más importante de la comunicación individual es que la idea que se quiera transmitir al jugador esté consensuada previamente con el técnico y vaya siempre en una misma línea común. Al preguntarle sobre los tipos de comunicación que utiliza con los jugadores, señala:

> *"De todo tipo. Partiendo de la base que siento que la diferencia entre el primer entrenador y el resto de ayudantes es muy grande, es grande como responsabilidad, es grande también como percepción del jugador hacia el entrenador y ayudantes. Yo lo digo siempre, en el fútbol sigue existiendo muy claramente las jerarquías, y la jerarquía del primer entrenador se sigue respetando muchísimo. Entiendo que esa comunicación con los jugadores tiene que ser individual pero siempre desde el punto de vista del ayudante del entrenador tiene que ser consensuada, y si a veces no ha sido consensuada anteriormente porque has sentido en el momento que tenías que hacerlo, debes dar esa información de lo que has hablado y de lo que has podido percibir con la charla individual.*
>
> *Es muy importante que aunque el cuerpo técnico esté muy unido y tenga una idea muy parecida, al final el fútbol son*

matices, y más en nuestro club con todo el tema táctico. Es muy, muy importante que el mensaje que llegue al jugador sea el mismo. Aquí hay que cuidar mucho. Yo que soy una persona extrovertida y que me gustaría en muchos casos transmitir lo que siento, pero a veces me tengo que retener y tengo que esperar y lo tengo que poner encima de la mesa, hablarlo entre todos, y a ver hacia donde vamos, sobre todo con una idea común.

Creo que eso es básico para un cuerpo técnico, que la idea que transmitamos al jugador sea la misma. Hablo de conceptos personales y de conceptos tácticos, de cómo quieres que funcione el quipo dentro del campo como fuera".

Unzué plantea la jerarquía del entrenador como una de las pocas que siguen existiendo hoy en día y que se siguen respetando. Es tal el respeto, que al jugador le sigue costando pronunciarse con su míster, aunque ello siempre, bajo mi punto de vista, va a depender de cómo se muestre de abierto o cerrado a la comunicación el propio míster. Aquel que muestre un distanciamiento hacia sus jugadores a la hora de la relación más personal, difícilmente podrá esperar que ellos se comuniquen con él abiertamente y con confianza. Es éste tipo de entrenador quien obviamente necesita de un segundo que sea más cercano y sepa dialogar en consonancia con sus ideas previamente consensuadas.

Opina además que la comunicación que tienen los jugadores con el primero y el segundo siempre es diferente, sobre todo del jugador hacia el entrenador:

"La comunicación sí que es diferente. Desde el punto de vista del jugador hacia el primer entrenador y segundo es diferente. Seguro. Porque ellos no me van a mirar a mi nunca con los mismos ojos. Una cosa es la relación personal que tú puedas tener con unos o con otros, y es una relación en mi caso muy cercana por mi forma de ser y de actuar. Pero una cosa es esto, una relación personal, y otra cosa es la profesional, aunque una parte es personal en cuanto a emociones, a sensaciones, y la otra más táctica o futbolística.

La comunicación de ellos hacia nosotros seguro, la mía cuando explico algo a algún jugador, si la hemos puesto en

> *común anteriormente con el entrenador, esto te da mucha seguridad. Saber que lo que voy a transmitir al jugador, saber que el míster piensa también, eso me da mucha seguridad y me ayuda mucho a explicarla sin ningún temor de equivocarte porque la idea es clara y es única. Bajo mi punto de vista hay que intentar tener en el 99,9% de los casos una comunicación de esta manera".*

Aspiazu utiliza ambos métodos de comunicación, tanto grupal como individual, siguiendo así las pautas de Valverde, muy partidario de las charlas técnicas individuales y de las de grupo:

> *"Vamos variando según las circunstancias. A veces, realizas un vídeo para corregir aspectos determinados del juego de un jugador. En ocasiones, ese mismo trabajo te sirve para trabajar con la línea defensiva. Vamos alternando, dependiendo de las circunstancias".*

Sobre la cercanía con los jugadores, en cuanto a una comunicación más directa y sincera, dice ser más efectiva para un segundo entrenador que para el primero:

> *"La comunicación que tengo con los jugadores es muy diferente de la que tienen con el primer entrenador, porque los jugadores se sinceran más con aquellos que, presuntamente, no toman la última decisión sobre su trayectoria deportiva. Podemos entrar en cuestiones más particulares y conseguir una complicidad que es más difícil de lograr con el técnico principal".*

Aspiazu es de los que piensa que un segundo puede llegar a tener un trato más cercano y con complicidad con los jugadores, hecho que ayuda al cuerpo técnico a manejar más información de los jugadores. Claramente debe ser así, aunque no debemos olvidar otras figuras del staff que pueden ayudar mucho en el aporte de información. Estoy haciendo referencia a la figura del fisioterapeuta. Es tan importante tenerlos de parte del entrenador como puede serlo casi el segundo. La relación que puede llegar a tener un fisio, dadas las horas que se pasa con los jugadores y la cercanía de sus características laborales de contacto directo con ellos, hace que muchos jugadores se sinceren o se desahoguen con él sobre temas que de ninguna otra manera podrían llegar al técnico.

Si como entrenador eres de los que da importancia a las relaciones personales, si crees que toda información sobre tus jugadores es valiosa, si ves relevante conocer sus pensamientos y momentos de ánimo, si realmente piensas que un jugador feliz y motivado rinde más que uno que no lo está; el fisioterapeuta es una pieza importante de este difícil entramado que es la comunicación. Y además es básico que esté a muerte con el míster, al menos más de su parte que de parte de los jugadores.

Giráldez cree que como segundo entrenador la mayoría de veces el tipo de comunicación con el jugador es de forma individual, y declara que esta comunicación es diferente de la que pueda tener el primero con sus jugadores.

Igual que para Ribera, la distancia entre el segundo y el jugador debe ser más corta que con el primero, y eso se realiza gracias a una comunicación más individual que dependerá sobre todo de la forma de ser de cada jugador:

> "Mantengo un tipo de comunicación de forma grupal, pero si que es verdad que intento tener a nivel individual comunicación con la mayoría de jugadores posibles. Pero como son los jugadores a nivel profesional, hay gente que es más reacia a tener relación con el segundo entrenador, y gente más cercana. Al final intento ser cercano a ellos y que no vean como una distancia entre ellos y yo, porque ya está el entrenador para marcar esa distancia".

El segundo debe ser esa persona más cercana al jugador, aunque lógicamente también sea participe de tomar las decisiones del equipo:

> "La comunicación entre el segundo y el primero con sus jugadores siempre es diferente. Al final el primer entrenador es el que toma las decisiones, es el cabeza visible, es el que tiene que poner o dejar de poner a los jugadores a jugar, y ello conlleva una relación más distante o separada. El segundo entrenador, a mi forma de ver, es un poco más allegado, aunque también tenga que ver en las decisiones".

Pérez no suele tener una comunicación grupal con el equipo, tan solo en tareas o momentos puntuales del balón parado, son más conversaciones con el jugador y muchas veces acompañado de Pochettino, por lo que su relación con los jugadores es la misma que su entrenador:

> "Yo directamente con el grupo hablo muy poco, más allá de alguna reunión de rendimiento, o en el trabajo de la pelota

parada tengo delegada la responsabilidad del vídeo y análisis de las acciones ante el grupo. Hablo más individualmente, siempre con las consignas establecidas por Mauri, toda la información es filtrada, consensuada la estrategia de comunicación y el mensaje es solo uno. Son más fructíferas las reuniones de dos técnicos y un jugador para la evidencia que el mensaje llegó y se entendió. La relación del uno y el dos respecto al grupo y el club, definirá el grado de confianza en las diferentes situaciones".

"Mi comunicación sigue las mismas estructuras de relación que puede tener el primer entrenador. El nivel de confianza es diferente cuando más lejano estás de la alta dirección".

RELACIÓN PROFESIONAL CON LA PRENSA

"Cuando acudo a la conferencia de prensa antes del partido, en mi opinión, el partido ya ha comenzado".

JOSÉ MOURINHO

Un segundo entrenador no suele tener relación laboral directa con los medios de comunicación, ya que es un campo que pertenece al departamento de comunicación del club y al técnico. Éste es quien filtra la información necesaria del club hacia el exterior mediante diferentes modos de comunicación. Actualmente las ruedas de prensa y las plataformas electrónicas son indispensables para los clubs de fútbol de cualquier categoría. Además de la página web oficial del club, hacen servir a diario las redes sociales tales como: *Twitter®, Facebook®, Instagram®*, etc.

El entrenador está obligado según las diferentes competiciones a comparecer antes y después del partido en las conferencias de prensa y responder a las preguntas de los periodistas. Sin duda que esta parte del trabajo le pertenece exclusivamente, quien es asesorado y aconsejado bien de cerca por el departamento de comunicación del club y por los miembros del cuerpo técnico.

El segundo entrenador suele mantenerse distanciado de todo este mundo, al menos de puertas hacia fuera. Si es cierto que encontramos ejemplos como el de Aitor Karanka, quien realizó unas noventa ruedas de prensa a petición expresa de José Mourinho durante las tres temporadas al cargo del Real Madrid. Por supuesto que pueden darse otros motivos extra laborales como ocurrió con Tito Vilanova la temporada 2012/13, quien por sus problemas de salud tuvo que ser su segundo, Jordi Roura, quien ejerció esta labor durante los meses que estuvo indispuesto.

De hecho tan solo uno de los entrevistados, Jesús Pérez, trabaja en estas labores pero de forma indirecta y muy al margen de salir en los medios de comunicación:

"En Europa y en la liga inglesa estoy siempre a su lado para asistir si es necesario, pero fuera de plano. Lo que hago es ayudar en la preparación de sus ruedas de prensa, antes de

> *cada entrevista y partido. El club trabaja en ello pero es útil tener nuestra visión de todos los temas previo a las intervenciones de prensa. Es clave interpretar lo que está ocurriendo y sobre todo los mensajes pre y post partido. Los entrenadores son muy inteligentes, pero también sometidos a gran estrés durante los partidos, debemos los técnicos ayudarles a encontrar la tranquilidad post partido con análisis claro de lo que pasó y reforzar sus convicciones tras el partido para trasladar un mensaje ajustado".*

Toni Grande por su parte informa que su relación con la prensa es normal, mientras que Jon Aspiazu, quien fuera colaborador deportivo en prensa escrita, radio y televisión antes de empezar su carrera como segundo entrenador profesional, nos dice:

> *"Procuro no tener un contacto directo aunque algunos de los que siguen la actualidad futbolística del Athletic también han sido compañeros universitarios, y he trabajado en el campo de la información".*

Por otro lado, Domenec Torrent no tiene ningún tipo de relación con la prensa, al igual que Giráldez: *"Prácticamente inexistente en este cargo"*. También Diego Ribera deja claro que esta labor es para el míster:

> *"Con la prensa tengo poca relación, no creo que el segundo entrenador ni el preparador físico tenga que salir mucho en prensa porque eso le compete al primer entrenador. Al final es él la persona más importante del staff técnico".*

Unzué actualmente y como acordó con Luis Enrique, no entra dentro de sus funciones tratar con periodistas, la única cabeza visible del cuerpo técnico de cara a la prensa es el primer entrenador:

> *"Depende siempre de lo que quiera el primer entrenador y hay que respetar sobre todo las normas que se dictaminen. He tenido entrenadores que en el rol de entrenador de porteros en ningún momento he tenido problemas para hablar con la prensa. Con Luis acordamos que él sería el responsable de hablar con la prensa, entonces yo no puedo ni debo hablar con prensa".*

Víctor, que ha vivido las diferentes prensas de los países donde ha trabajo con Paulo Sousa, apunta que en Italia el fútbol es más mediático incluso que en España, pero con todo y eso él no siente que la prensa busque sacar información en los ayudantes:

"Depende del país. Nos hemos encontrado con tres prensas muy diferentes, en Tel Aviv, en Basilea y aquí. Aquí en Italia el fútbol es muy mediático, incluso te diría que más que en España. Para que te hagas una idea, solo en Florencia hay dos radios que hablan 24 horas de la Fiorentina, además de los diarios. Aquí la prensa intenta llegar mucho más al fondo de todo, pero no ha habido un intento de acercarse en exceso a las partes del staff que no sea el míster. Al míster como es normal sí que le intentan coger mucha información, y él lo lleva más que bien. Nosotros tenemos una relación cordial con los periodistas que conocemos, pero nada más allá de una relación difícil de conllevar".

SESIONES DE ENTRENAMIENTO

> "Las ganas de ganar son importantes, pero las ganas de prepararse son vitales".
>
> JOE PATERNO

Según el perfil del entrenador principal y del staff que disponga, la planificación, preparación, puesta a punto y realización de las sesiones de entrenamiento pueden variar mucho de protagonistas. Hay técnicos que prefieren mantenerse muy al margen de su planificación y realización, interviniendo tan solo en aquellos aspectos tácticos específicos del juego propio o del rival, mientras que hay otros que son más participativos e intervencionistas. Lógicamente, cuanto más amplio es el cuerpo técnico menos tareas debe realizar el entrenador en las sesiones, más delega en sus personas de confianza para que lleven el trabajo de campo. Éste es el modelo actual debido a los grandes staffs que tienen los primeros equipos de fútbol profesional de hoy.

Para conocer lo que hace cada segundo dentro de su cuerpo técnico en los días de entrenamiento les pregunto sus funciones y responsabilidades, hallando una responsabilidad común en todos los segundos entrenadores: las acciones a balón parado (de ahora en adelante ABP), el cual se dedica más adelante un capítulo. En general todos tienen una función en común: ayudar al míster en sacar el máximo rendimiento al equipo, pero si se mira desde un punto de vista más particular de cada uno se encuentran diferencias significativas ya que como muy bien apunta Jesús Pérez: *"Cada primer entrenador crea su propio segundo"*.

Las funciones de Aspiazu vienen directamente propuestas por Valverde y siempre para ayudarle restándole trabajo:

> *"La función principal que desempeñamos los integrantes del staff técnico es aligerar la carga de trabajo y de responsabilidades del primer entrenador para que éste pueda tomar las mejores decisiones. Las parcelas de entrenamiento y rendimiento que abarca mi trabajo son las que determine el entrenador. Mi labor es más de análisis de lo que ocurre que de participación directa en el entrenamiento. Puedo organizar una sesión individual de vídeo con determinados jugadores o asumir el*

entrenamiento mientras el entrenador mantiene una charla individual con algún jugador".

Domenec Torrent declara de manera similar su función principal dentro del staff de Guardiola:

"Mi función es sobre todo ayudar al primer entrenador con todo lo que él me pueda necesitar: táctico, percepción del equipo, etc. Dentro de las sesiones de entrenamiento del Bayern trabajo las evoluciones tácticas, además de las acciones a balón parado ofensivas y defensivas".

Unzué es el responsable de las ABP, tanto es así que se siente como un primer entrenador en este aspecto:

"Ahora mismo en el equipo todo lo que es el balón parado, ofensivas y defensivas son de mi responsabilidad. Desde verlas, analizarlas, tomar la decisión de qué voy a enseñar y qué voy a ejecutar. En ese sentido sí que Luis me da la responsabilidad. Siento una responsabilidad total en esta parcela, como si fuese un primer entrenador en este aspecto. Por una parte es una decisión inteligente porque un entrenador de un equipo grande le lleva mucho tiempo y le quita mucha energía muchas cosas del alrededor del equipo, y que no suelen ser las de campo, y suelen ser las que menos nos gustan. Sabe que es parte de su trabajo, pero lo que le gusta es esta parte de aquí (señalando el campo de entrenamiento de la ciudad deportiva del FC Barcelona). Lo que hace es delegar responsabilidades, y evidentemente, yo debo asumirlas. Al final el que se lleva los palos para un lado o para otro es él. Al considerar que debe delegar, hace que el cuerpo técnico esté muy involucrado.

Después evidentemente la puesta en escena en el plano táctico, como manejo del grupo de manera personal. El primer año aquí en Barcelona con Luis, como yo ya conocía a muchos de los jugadores, era un punto a favor. Para mi fue mucho más sencillo y me ayudó seguro. Todo fue mucho más rápido para mi, y creo que uno del cuerpo técnico tuviera esa experiencia hizo que para el resto también fuera más rápido. Me siento muy participativo, Luis toma sus decisiones pero pone también muchas cosas en común".

Se entretiene a señalar que en el FC Barcelona entrenan durante la semana lo más parecido posible a lo que se van a encontrar en competición, intentan simular unas situaciones que creen que se van a dar en el partido:

> *"Nosotros somos un equipo que entrena como juega. El otro día por ejemplo, decía en una entrevista Samuel Umtiti, que en veinte días que está aquí ya había acabado de percibir esto. Al final lo que haces en un entrenamiento es lo que crees, no te puedo decir que entrenemos todo lo que va a ocurrir, porque no puedes entrenarlo todo. Intentamos ir a lo que es diferente, para contrarrestar la idea del rival, aprovechas el entrenamiento para llevar a cabo una seria de situaciones que crees que se van a dar en el partido".*

Toni Grande por su parte, prepara con Vicente del Bosque las jornadas de entrenamiento de la Selección Española así como el diseño de las tareas en el campo.

Pérez describe su trabajo destacando que gracias a todo el grupo de personas que rodea el cuerpo técnico pueden llegar a la individualización para optimizar el rendimiento del jugador:

> *"La organización metodológica del equipo. La aprobación de Mauricio es el primer nivel de concreción y de ahí, las unidades de entrenamiento y los contenidos de las diferentes áreas de desarrollo. La distribución de contenidos, cargas y estructuración de las sesiones son tras tantos años juntos una constante de equipo. Tenemos como apoyo seis preparadores físicos así que podemos desarrollar una aproximación muy detallada sobre los jugadores. Un equipo con tanta densidad competitiva demanda una individualización muy grande si quieres optimizar el rendimiento del jugador, sobre todo en el aprovechamiento de los minutos de entrenamiento externos a los contenidos colectivos de desarrollo o mantenimiento de los principios de juego.*
>
> *La gestión del grupo de trabajo y el análisis post entrenamiento y partido, está seccionado en imágenes, estadística y los marcadores de rendimiento que utilizamos para la valoración colectiva e individual. Desde el control hormonal hasta la carga externa, pasando por el análisis visual, es filtrado tras gestionar a un gran grupo de colaboradores, sin ellos sería imposible llegar al detalle del que tenemos capacidad. Las acciones de balón parado son*

responsabilidad directa mía, que junto a la colaboración de los analistas me permite con mucho detalle conocer al rival y preparar cada partido con diferente aproximación".

Muy interesante es conocer por su parte cómo se organiza el trabajo en un club inglés, basado en la figura del Manager y en las funciones y responsabilidades de su asistente:

"La responsabilidad de conectar el club con Mauricio y en dirección inversa. Los clubs británicos tienen una organización muy grande y con muchos recursos a tu disposición. El rol del manager y su asistente están muy respetados con lo que tu capacidad de decisión es muy elevada en todo lo relacionado con el equipo, pero la dimensión de los mismos hace que debas estar participando de todo para poder organizar el descanso de los jugadores. Comunicación, marketing, logística, viajes, servicio médico, analistas, y resto del cuerpo técnico, así como eventos del manager; son tareas o conexiones diarias que necesitan de la aprobación del manager que delega en mi figura la gestión de toda esa coordinación".

Víctor Sánchez y el cuerpo técnico trabajan de una forma muy integradora e interdisciplinar, sin él tener una función o responsabilidad durante la semana por encima de otras. Todos los integrantes trabajan de una manera conjunta para elaborar la semana:

"No te podría decir una responsabilidad por encima de las otras. Nosotros tenemos un staff muy global y no tenemos dividido por parcelas, es decir, no tenemos un área condicional o un área táctica. Entonces juntamente con el resto del staff y el míster desarrollamos las sesiones, las llevamos a cabo, las explicamos a los jugadores, los ejercicios, conjuntamente con el resto corregimos los ejercicios. Evidentemente hay cosas más estratégicas que hemos decidido con el analista y conmigo, y evidentemente quien acaba dando las últimas directrices es el míster, pero un poco el día a día lo llevamos entre todos. La planificación de la semana, todos lo hacemos conjuntamente, nos sentamos a principio de semana, planificamos la semana, vemos donde queremos ir y si después hay modificaciones las hacemos entre todos".

Otra manera distinta de organizar el trabajo del cuerpo técnico se aprecia en las palabras de Ribera sobre sus labores semanales:

"El tema condicional lo llevaba el preparador físico, en las tareas nos dividíamos. Los miércoles por ejemplo, que era el día que realizábamos tareas más cortas, yo llevaba una parte y la otra parte el entrenador, y el jueves que es más un entrenamiento de espacios amplios lo llevaba más el entrenador, estando yo de apoyo observando el rendimiento. Después del entrenamiento es cuando valorábamos si en el entrenamiento se habían cumplido las expectativas que teníamos al principio. El balón parado no lo llevaba yo exclusivamente en el entrenamiento, a veces me encargaba yo de darle forma, de analizar y observar, de montar las jugadas y de elegir a los jugadores que participaban, y otras veces era el míster porque a él le gusta estar presente en las jugadas a balón parado porque le da importancia".

Alberto Giráldez en el Watford FC 2015/16 tiene las siguientes funciones en el trabajo diario:

- Dirigir trabajos específicos
- Recabar información sobre trabajos individuales
- Observar el desarrollo de la preparación física del equipo
- Dirigir entrenamientos de los jugadores no convocados
- Proponer variaciones a las tareas realizadas
- Aportar observaciones sobre el trabajo realizado
- Dirigir tareas grupales
- Corregir conductas de los jugadores al realizar las tareas
- Preparar con antelación los cambios de actividad
- Ayudar al primer entrenador a dirigir las tareas
- Aportar durante el entrenamiento variaciones respecto a tiempos, distancias y actividades

Además aporta un listado de todo aquello que hace día a día desde que llega al club hasta justo antes de iniciar la sesión de entrenamiento:

- Llego al club dos horas antes del inicio del entrenamiento
- Recabo información con el cuerpo médico sobre el estado de salud de todos los jugadores
- Compruebo el número de jugadores que participan en la sesión

- Aviso a jugadores de otros equipos para que participen en la sesión, si es necesario
- Informo al entrenador de porteros de la participación de los porteros en la sesión
- Ajusto el entrenamiento a la posible variación en el número de jugadores participantes
- Repaso el objetivo técnico/táctico de las tareas
- Aporto nuevas tareas
- Recabo información sobre las actividades que realizan los jugadores que no participan
- Represento gráficamente la sesión
- Intercambio información con los responsables del mantenimiento de los campos
- Decido la ubicación en los campos de las diferentes tareas
- Distribuyo el material para el entrenamiento
- Confirmo con el cuerpo técnico la idoneidad de la distribución del material
- Planifico la distribución de los entrenamientos en la semana
- Programo el uso de campos de entrenamiento
- Reviso el tiempo que hará los próximos días
- Asisto a reuniones respecto a la organización del equipo
- Conozco las convocatorias de selecciones nacionales
- Coloco el material

La lista de Giráldez es muy interesante porque relata con detalle sus funciones los días de entrenamiento, y gracias a ella nos hacemos una idea de todas las tareas que un segundo puede ahorrar a su técnico. Atendiendo a su listado y a las aportaciones del resto de entrevistados, se aprecia con claridad que el trabajo de un segundo entrenador queda muy abierto. Todo tipo de tareas en el terreno de juego durante las sesiones de entrenamiento, organización del equipo en las ABP ofensivas y defensivas, organización y horarios de desplazamientos, planificación de contenidos y objetivos de entrenamiento, análisis y desarrollos tácticos propios y de los rivales, coordinación con el equipo filial y fútbol base, recopilación y documentación de cualquier clase de información, trabajos específicos de jugadores y sesiones de vídeo.

Todo este elenco de posibilidades en su trabajo como segundo durante la semana debe estar preestablecido y bien coordinado con el entrenador principal, así como con el resto de integrantes del staff.

PARTIDOS

> *"Los primeros noventa minutos de un partido de fútbol son los más importantes".*
>
> BOBBY ROBSON

Ya sabemos que el partido es el momento más importante de la semana. Todos quieren jugarlo, todos quieren ganarlo. Debido a su relevancia, los partidos se preparan con esmero, determinación y mucha dedicación por parte de las diferentes personas que componen el cuerpo técnico. Se estudia el rival días antes, se prepara en las sesiones de entrenamiento, se organiza la charla previa del partido, etc. Una vez empezado el partido, son numerosos los integrantes del staff que intervienen en él de forma más o menos directa: primer y segundo entrenador, preparador físico, preparador de porteros, médico, fisioterapeuta, analistas y delegado. Y cuando el partido ya se ha finalizado, se sigue trabajando entorno a él: los analistas desgranan el partido en jugadas, los técnicos lo repasan y todos conjuntamente extraen unas conclusiones.

Dado que éstos se preparan, se juegan y se analizan a posteriori, se ha preguntado a los segundos entrenadores sus funciones y responsabilidades dividiendo el partido en tres fases:

- Pre partido
- Durante el partido
- Post partido

PRE PARTIDO

El pre partido es todo aquel trabajo que desarrolla el staff para preparar el partido en cuestión. Desde el análisis del equipo rival: como ataca, como defiende, sus puntos fuertes, sus puntos débiles, jugadores más destacados, posibles bajas, etc., hasta la preparación del propio equipo. Es un trabajo que no se realiza en un solo día ni en una sola sesión de entrenamiento. Preparar un partido, si se dispone del tiempo necesario para ello, puede durar varios días, desde que se inician las grabaciones y el análisis del rival, hasta que se decide la manera de cómo afrontar el encuentro, la convocatoria y el once inicial. De este modo, cuando hablo de pre partido no hago referencia a las horas previas ni al calentamiento del mismo, sino a todo el proceso que conlleva a un cuerpo técnico organizado y liderado por el entrenador para poder conseguir el objetivo final: ganar. Y si es posible, ganarlo según lo establecido, como se suele decir, jugando bien.

Coinciden los ocho segundos entrenadores entrevistados, además de otros aspectos, que su responsabilidad más importante va destinada a las ABP ofensivas y defensivas. Toni Grande además establece los horarios y los viajes de la Selección Española de Fútbol, Jon Aspiazu, señala que *"complemento la labor del analista de los partidos, debato permanentemente con el entrenador sobre el juego rival y el propio"*. Torrent, prepara todo lo relacionado con las ABP ofensivas y defensivas del equipo, al igual que Pérez, quien además de estar presente en el calentamiento del equipo, es quien realiza la reunión previa con el árbitro y el equipo rival (en la Premier League se realiza una reunión antes del partido de unos pocos minutos entre los técnicos o segundos y capitanes de cada equipo con los árbitros para intercambiarse las alineaciones manualmente).

Diego prepara parte de las ABP del RCD Espanyol, sobre todo en los marcajes, y además apunta que *"insisto mucho con los jugadores de forma individualizada antes del calentamiento en aquellas cosas que hemos trabajado durante la semana"*.

En la Fiorentina, Víctor y el resto del staff preparan durante toda la semana la estrategia de partido, y el último día se junta de nuevo para valorar las posiciones en las ABP del partido:

> *"Nosotros lo que hacemos, una vez ya hemos hablado toda la semana del rival, hemos hecho la estrategia del partido, qué es lo que queremos del partido, de que manera queremos actuar, con o sin pelota, en una parte del campo o en otra... todo eso se hace durante la semana. El día antes de partido o el mismo día según juguemos, nos reunimos y vemos las acciones a balón parado, he introducido yo los nombres, porque alguien lo tiene que hacer, y reunidos hacemos algunos cambios. Por ejemplo, el entrenador de porteros prefiere un jugador en otra posición, o el míster prefiere otro jugador allá; hacemos los cambios. Acabamos*

de decidir todos donde va cada jugador, no es una responsabilidad puramente mía".

Unzué, como responsable de las ABP, realiza en el entrenamiento el trabajo, pero cuando no tiene tiempo lo realiza mediante el vídeo, como si fuera una sesión más:

"En mi caso tengo la responsabilidad del balón parado, y después lo que hacemos durante la semana. Es difícil de entrenar porque tienes pocos entrenamientos, muchas veces hasta la propia sesión de vídeo tienes que entenderla como una sesión de entrenamiento, y el jugador es capaz de adaptarse a todo. Por mi propia experiencia, no solo en jugadas a balón parado, sino también en el propio juego, son capaces de captar la idea. Tienen que ser matices muy claros. Son capaces de sin trabajarlo, llevarlo a cabo. Si es cierto que, evidentemente, si puedes trabajarlo si dispones de más tiempo, mucho mejor. Si después de ver las imágenes de vídeo, puedes llevarlo en diez o quince minutos en la sesión de entrenamiento, pues mucho mejor. Muchas veces, eso es lo que te hace definir si lo tiras para delante o no, si ha habido alguna duda, poder quitarlas".

Alberto Giráldez hace de nuevo un listado de todo su trabajo previo para preparar un partido:

- Recabar información sobre el rival: Fundación, historia, trayectoria de las últimas temporadas, afición y datos de todo tipo
- Recabar información sobre el entrenador del equipo contrario: modelo de juego, sistemas tácticos más utilizados y variaciones más habituales
- Visionar partidos del oponente
- Leer el informe escrito del rival
- Intercambiar datos sobre el modelo de juego del rival
- Recabar información de última hora sobre el oponente
- Preparación de la estrategia (ABP)
- Aportar mensajes para la rueda de prensa previa
- Conocer la programación de viajes
- Distribuir la programación de viajes y concentraciones entre los diferentes estamentos

- Recabar información cuando jugamos fuera sobre la distancia entre el hotel y el campo
- Buscar datos sobre el estadio rival
- Llevar el material necesario relacionado con la estrategia (ABP)
- Informar de su participación o no a los jugadores convocados
- Observar el calentamiento

DURANTE EL PARTIDO

La segunda fase de un partido es el propio tiempo de juego, los noventa minutos en el terreno además del tiempo de descanso entre las dos partes. El desarrollo y todo lo que ello conlleva en cada uno de los partidos de competición. En este tiempo, y liderado por las decisiones finales del primer entrenador, el equipo debe ser capaz de vencer a su rival. El técnico, aconsejado por su segundo sobre todo, ha de tomar las decisiones correctas para llevar a su equipo hacia la victoria mediante las variaciones tácticas y estratégicas, así como las substituciones de jugadores. Tiene que adaptarse constantemente en función de los múltiples factores de rendimiento como el resultado, el estado anímico y físico del equipo y del rival, el estado del terreno de juego, de la climatología, etc. Es en estos noventa minutos cuando el equipo y su líder desde el banquillo se juegan su futuro semana tras semana.

Todos los segundos valoran como positivo las aportaciones que realizan a sus primeros entrenadores, sienten que son escuchados, aunque apuntan que la decisión final siempre es de él y le apoyan sea cual sea. Una de las diferencias encontradas es que no todos los segundos se sientan en el banquillo junto a su técnico, ya que Aspiazu en el Athletic Club ve la primera parte del partido desde la grada:

> *"La primera parte del encuentro la sigo desde el palco. Desde allí tengo una visión más panorámica y desapasionada de lo que ocurre en el rectángulo de juego. Cuando llega el descanso bajo al vestuario y transmito al entrenador mi visión de lo que he observado. Contrastamos nuestras opiniones y pasamos a la charla grupal".*

Este hecho argumentaría por qué Aspiazu siente que Valverde valora muy positivamente sus aportaciones:

"Percibo que mi punto de vista es escuchado y valorado positivamente durante el partido, teniendo en cuenta el grado de excitación que se produce durante el partido. Pero, como he apuntado anteriormente, asumo las decisiones del entrenador como si fueran propias aunque no esté de acuerdo con ellas".

Toni Grande está dispuesto en todo aquello que pueda ayudar a Vicente del Bosque en el desarrollo del partido, quien siente que es escuchado y valora positivamente sus aportaciones desde el banquillo. Torrent, del mismo modo intenta *"visualizar tácticamente las mejoras que podemos hacer si hace falta"*, y por su forma de ser y de entender su función, se comporta lo más tranquilo posible, sin buscar protagonismos en el banquillo del FC Bayern:

"Cada segundo entrenador vive su trabajo de manera diferente. Por mi manera de ser, creo que estar tranquilo y preparado para cuando el entrenador te necesite, sin querer protagonismo, para mi es la mejor manera de poder ayudarlo. Ahora he podido comprobar que delante de 80.000 ó 50.000 personas, levantarte del banquillo y dar instrucciones si este jugador no está muy cercano, no sirve de nada, ya sabes que el mensaje no llega".

Diego Ribera argumenta su trabajo en el banquillo, basado sobre todo en apuntar notas y ayudar en mejorar el quipo mediante los cambios:

"Lo que hacía es apuntar las cosas que yo voy viendo, tanto buenas como malas, si él me dice de apuntar alguna cosa, la apunto para luego en el descanso transmitirla a los jugadores. Ya en la segunda parte hacíamos igual, pero me encargaba más en ayudarle en los posibles cambios, mirar todas las opciones que tenemos en el banquillo para poder mejorar el equipo en esa segunda parte".

A su vez percibe que es bien valorado por Sergio, quien a veces le hace caso y a veces no, quien toma las decisiones finales:

"Siento que valora lo que yo le digo, pero a lo mejor en ese momento él piensa otra cosa distinta y al final es él el que

decide. Yo intento darle mi punto de vista y que al final él decida. Algunas veces me ha hecho caso y hemos acertado, y algunas otras me ha hecho caso y no hemos acertado. Se trata de acertar, que al final es lo más difícil".

Pérez da una respuesta muy ligada a la de Ribera sobre sus competencias desde el banquillo, y además pronuncia el cuarto árbitro inglés:

"Intento dar asistencia a todo lo que pasa en el campo, responsabilidad en los cambios a la hora de dar las consignas, sobre todo en la pelota parada y alguna de juego; y la relación con los árbitros. El espacio del partido no hay para mucho más. En Inglaterra si te fijas casi no expulsan a los entrenadores, hay un rol desde el banquillo que es la interacción con el cuarto árbitro, y eso hay que trabajarlo también".

Intenta no hablar mucho con Pochettino durante el partido, trata de estar lo más tranquilo posible:

"Creo que Mauricio me escucha y valora lo que le digo durante el partido, pero intento no hablar demasiado, cuando me pregunta intento dar mi opinión. Si alguno de los otros miembros del banquillo me hace algún comentario, lo proceso y si lo considero se lo digo, pero yo intento no hablar demasiado. Estar lo más tranquilo posible, no quiero protagonismo en la banda, no me levanto del banquillo".

Unzué desde el banquillo intenta poner en común las opiniones con Luis Enrique además debe filtrar la información que le va pasando Robert desde la grada:

"Poner en común y afianzar decisiones y opiniones del momento. Cuando he sido entrenador, ha sido la parte que más me ha costado, por un simple hecho muy claro, y es que el banquillo es el pero lugar para ver el fútbol. Careces de perspectiva y nos ves los espacios. Si no ves los espacios es complicado. Partiendo de la base que ese espacio de tiempo es difícil. Nosotros tenemos el apoyo de Robert, que sí tiene la perspectiva, y en un momento dado veo cuando le puedo pasar la información que me da Robert. Si veo que es mucha, o que no es tan importante, me espero al descanso. Debo definir en qué momento, o cómo filtro algo, o no filtro.

También, en algún momento que yo no lo he visto del todo claro o de la misma forma que lo ve el entrenador, debo reafirmarlo en sus decisiones, porque en ese momento lo importante es que Luis transmita, y ese convencimiento lo acaba captando el jugador. Incluso en el momento del partido, si vas a hacer un cambio o no. Estas decisiones son difíciles de tomar porque todo ocurre muy rápido y todo es muy cambiante en el propio partido".

Percibe que le escucha, y argumenta que incluso cuando éste no lleva a cabo la idea que le ha propuesto durante el partido, eso también ayuda al técnico:

"Sí que percibo que me escucha, con esa confianza mutua. Lo que he sentido mucho de Luis, que no difiere mucho de lo que he sentido de los anteriores entrenadores, es la sensación de sentirte escuchado. Tu opinión la llevara a cabo o no, pero sí la escucha. Muchas veces el ser humano estamos pendientes de ver si hace lo que yo le he dicho, pero tú puedes ser importante de dos formas: una para reafirmarle y que tu decisión coincida con la del entrenador, pero a veces también, no nos damos cuenta que es importante también darle tu opinión y que no la lleve a cabo, pero que en el fondo le ha ayudado a reafirmarle en su decisión. Podemos ser importantes dando una opinión al entrenador y que se haga eso, o también cuando no se hace. No perder de vista que aunque no se haga eso, también has ayudado".

Víctor comparte con Sousa todo aquello que cree sobre el partido y que pueda ayudar al equipo a mejorar:

"Ayudo en todo aquello que veo que puedo ayudar. Si veo que hay un tema estratégico de partido le comento, si veo que somos vulnerables por un algún lado le comento, si veo que estamos siendo más fuertes que el rival le comento, si el otro asistente también ve alguna cosa, le comentamos. Cualquier cosa, ya sea del rival o nuestra, de algún jugador nuestro o del rival, de alguna cosa que perciba y que puede pasar. Cualquier cosa que vea que puede ayudar al equipo, se la comento".

Siente que es escuchado positivamente por su entrenador y entiende que debido a la tensión que tiene durante el partido, no debe estar constantemente diciéndole cosas, principal razón para seleccionar muy bien la información que le vaya a dar:

"Sí. Entiendo que la tensión que tiene el míster en el partido no es la misma que la mía, por lo que intento ser muy preciso. No le comunico quince cosas por partido porque él la tiene una capacidad brutal de ver lo que pasa en el juego, pero si veo alguna cosa que puede cambiar bastante la dinámica, es el momento que decido decirle cualquier cosa. Sí, en el momento que le comunicamos alguna cosa durante el partido, siempre siento que lo que le digo lo reflexiona, a veces reacciona rápidamente en eso que le hemos comentado, o a veces tiene un punto de vista un poco diferente y eso no se cambia. Pero sí que me siento muy escuchado en esto".

Giráldez vuelve a dar una lista con todo aquello que hace para ayudar a Quique Sánchez Flores durante el partido:

- Observación del sistema de juego utilizado por el rival, confirmación o no de lo previsto
- Intercambiar información según la observación del desarrollo del juego
- Proponer variaciones tácticas ante lo que sucede
- Atender a la situación y a los movimientos de la línea alejada del juego
- Atender durante el partido a las intervenciones de jugadores propios y rivales en la estrategia (ABP)
- Informar a los jugadores de variaciones de la estrategia (ABP) ante cambios
- Observar y anticipar información en los posibles cambios de jugadores del rival
- Apuntar las indicaciones para dar a los jugadores en el descanso
- Reflexionar en el descanso de lo sucedido y consensuar el mensaje hacia los jugadores

Se aprecia las diferencias que existen en el trabajo de los segundos durante los partidos. Cada cuerpo técnico tiene su forma de preparar y de actuar en la competición, los matices de cada entrenador con sus colaboradores son la clave del funcionamiento de cada staff, además de la forma de ser de cada persona. Las reacciones dentro de los banquillos tienen mucho que ver con la forma personal de ser de cada uno, así como el tipo de relación que tenga con su entrenador. Hay segundos que se levantan e intercambian las posiciones con el técnico (ya que solamente uno puede estar de pie reglamentariamente en el área técnica de los banquillos), otros prefieren mantenerse al margen, sentados prácticamente la totalidad del partido, y también los hay que están en la grada para recabar información sobre el partido desde un punto de vista elevado y privilegiado para ello.

La organización del staff en los partidos es muy cambiante según el estilo de cada técnico, pero además se aprecian tendencias o modas que se van modificando con el paso del tiempo. Cuando grababa los partidos desde la grada del Getafe CF para mi tesis doctoral la temporada 2008/09, recuerdo coincidir grabando con integrantes de diferentes equipos: Athletic Club de Joaquín Caparrós, Valencia CF de Unai Emery y FC Barcelona de Pep Guardiola. Hoy en día pasadas ocho temporadas, la gran mayoría de equipos tienen una persona del cuerpo técnico que graba todos los propios partidos del equipo. Otra tendencia actual, a raíz sobre todo de la norma que permite estar solo a un técnico de pie en la zona técnica, es el intercambio de posiciones entre primer y segundo entrenador, sobre todo en las ABP.

Aunque no lo parezca o simplemente no nos demos cuenta, al igual que ocurre con las teorías del entrenamiento, los calentamientos, los sistemas de juego, los estilos de juego, etc., las tendencias van cambiando, se van modificando. Las formas de actuación de los técnicos y sus staffs no están para nada fuera de todo este proceso interno del fútbol, incluso las vestimentas de los entrenadores parecen sufrir cambios y modas.

POST PARTIDO

La tercera fase es el post partido, es el análisis que se realiza a posteriori, una vez el partido ha concluido y ya no hay vuelta atrás. El resultado es el que es y a excepción de recursos disciplinarios, no va a cambiar. Toca hacer reflexión de lo concurrido, para lo bueno y para lo malo. El vídeo resultará indispensable para ello, para tener un punto de vista más objetivo, lo que ven y graban las cámaras es lo que realmente ha pasado. Uno cuando vive desde el banquillo un partido en directo, puede tener sensaciones totalmente contrapuestas a cuando lo ve después en vídeo. Eso quiere decir que la realidad percibida desde el banquillo, muchas veces no es tan real como nos pensamos. Para ello la experiencia del entrenador es clave, así como la serenidad, y como no, los conocimientos adecuados para solucionar en pocos segundos los problemas que vayan surgiendo durante el partido. En el vídeo todo transcurre con calma, hay tiempo suficiente para analizar tantas veces se crea necesario la jugada, para debatirla con los compañeros del staff, e incluso para mostrársela a los jugadores. El post partido en conclusión, sirve para mejorar como equipo y como técnicos.

Los ocho segundos entrenadores hacen un análisis del partido mediante el visionado del vídeo. Algunos lo hacen conjuntamente con el primero, y otros no. Toni Grande declara realizarlo a veces con Vicente del Bosque, y a veces solo, al igual que Aspiazu, quien indica que:

> *"El analista nos prepara nada más terminar el encuentro un post sobre el partido. Algunas veces nada más terminar el partido, debatimos sobre las decisiones tomadas durante el choque. Normalmente, el día posterior al partido, después de visionar el partido".*

También Giráldez mira el post partido justo recién finalizado el encuentro con el Quique Sánchez Flores y los demás componentes del cuerpo técnico. Además lo vuelve a ver, esta vez solo, para preparar el análisis del primer entrenamiento en el que participan todos los jugadores de la plantilla. Giráldez aporta además después del partido una serie de reflexiones para la intervención del primer entrenador ante la prensa e intercambia información sobre lo sucedido con los diferentes miembros del staff, además de repasar el control de las estadísticas a favor y en contra de los remates y la efectividad sobre las ABP.

En cambio Torrent realiza el post partido por separado y después se junta para compartirlo con Pep Guardiola, al igual que Jesús Pérez, quien afirma que:

> *"Miro solo el post partido en casa para preparar la primera reunión que tendré con el cuerpo técnico, o para cuando Mauricio requiera cualquier informe del mismo. Otros miembros del cuerpo técnico también lo realizan".*

Del mismo modo, Ribera señala que *"el post partido lo miramos solos, por separado. Incluso si Sergio me lo pide, le hago cortes de las cosas buenas o malas que se han hecho en el partido".*

Víctor analiza el partido varias veces: la que hacen charlando justo después del partido, después viendo el vídeo del partido en casa, y una última todo el staff juntos para extraer unas conclusiones que ayudarán a modificar, o no, la planificación de la semana:

"Después del partido todos los miembros del staff hacemos un análisis del partido sin haberlo visto, y después al día siguiente hacemos un análisis del partido habiéndolo visto cada uno en su casa. A veces las sensaciones son diferentes porque la adrenalina del partido te hace ver unas cosas y después realmente han pasado otras. El analista con todos los cortes que ha hecho del partido nos da su punto de vista desde el vídeo. El análisis lo hacemos siempre juntos, y el míster nos pregunta qué hemos visto y lo comentamos. De este modo el míster da su punto de vista y lo que hay planificado para esa semana hay que introducir ciertos aspectos que ha visto se deben de mejorar".

Unzué señala que es interesante hacer una puesta en común de los diferentes integrantes del cuerpo técnico para charlar sobre el partido, porque cada uno ve su partido:

"Sí que hago un análisis del post partido, primero lo hacemos individualmente y después nos juntamos. Cada uno ve en directo su partido, a cada uno le llama la atención diferentes aspectos, y lo que no ha visto uno, lo ve el otro. Es por eso que es interesante poner en común el partido. Y a nivel personal con las acciones a balón parado, analizamos desde el saque de inicio hasta el último saque de banda. Qué es lo que ha pasado, qué es en lo que se puede mejorar".

Al final, la realización del post partido por parte de los entrenadores es como la evaluación de un profesor a sus alumnos mediante la corrección del examen. Porque sin duda que el examen de cada jugador (y de cada técnico) es el partido. Mediante el análisis del partido en vídeo el staff evalúa y valora cada uno de sus jugadores y al comportamiento del equipo en general. La competición pone normalmente a cada uno en su lugar, sobre todo a largo plazo. Esto explica porque todos los entrenadores ven como muy importante volver a ver el partido, para poder valorar con pausa y tranquilidad, de una forma más objetiva que durante el encuentro, donde la perspectiva del míster y la tensión del momento no permiten ver todo lo que la grabación del vídeo aporta. Muchas veces la idea que se tenía del partido o de una acción puntual de un jugador (o de un árbitro) en directo coincide viéndolo en el post partido, pero en otras ocasiones las imágenes muestran otra realidad distinta a la que se tenía.

El trabajo del post partido mediante las imágenes de vídeo se ha convertido unánimemente por todos los cuerpos técnicos en una herramienta imprescindible para mejorar el rendimiento del equipo, del jugador y también del entrenador, razón principal por la que el siguiente capítulo trata el análisis de vídeo y todo lo que aporta.

TECNOLOGÍA: ANÁLISIS DE VÍDEO

"Lo más maravilloso de mi profesión es imaginar el partido que va a suceder mañana. Con los jugadores que yo tengo, con esas herramientas que tengo, con el contrario, que sé lo que hace, soñar qué va a pasar".

JOSEP GUARDIOLA

En menos de treinta años hemos pasado de preguntarnos si el ordenador podría ser útil para el entrenador de fútbol, a establecer como la informática y el vídeo unas herramientas comunes e indispensables para los técnicos deportivos. Muchas cosas que ahora parecen comunes, tan solo unos años antes eran descabelladas e innecesarias. Hay que agradecer a los licenciados en Ciencias de la Actividad Física y el Deporte, quienes introdujeron en los diferentes deportes las primeras tecnologías para mejorar el rendimiento. La tecnología se ha impuesto de esta manera, y a pesar de los entrenadores tradicionales de fútbol reacios a novedades tecnológicas, a salir de sus rincones de seguridad queriendo seguir haciendo lo mismo que aprendieron en sus épocas de jugador. Las nuevas tecnologías ya no son solo cosa de pulsómetros y GPS para preparadores físicos.

Un artículo titulado *¿Es el ordenador útil para el entrenador?* por el entonces técnico de los juveniles del Real Madrid, Rafa Benítez, publicado en 1989 por la Escuela Nacional de Fútbol (RFEF) tras el *I Congreso Internacional de Fútbol*, nos muestra la evolución de la mentalidad tecnológica en el fútbol español en menos de treinta años. Seguramente cuando Rafa Benítez argumentaba en el congreso cómo hacía servir su ordenador para recopilar datos sobre sus tests de técnica y físicos, más de uno pensaba: "Eso son solo cosas de inefos".

Hoy en día la tecnología en el deporte está presente en todos los entrenadores, en todos clubes, se ha normalizado su uso. ¿Qué técnico actual no usa un ordenador para su trabajo? El vídeo es sin duda, una de las herramientas más comunes en los cuerpos técnicos para intentar mejorar el rendimiento de sus equipos, bien sea estudiando el rival como analizando su propio equipo en partidos y entrenamientos. Además, tal y como se comenta en la segunda parte del libro, el vídeo está cada vez más de moda para el uso individualizado con el jugador. Aunque el fútbol sea un deporte de equipo, el aprendizaje del jugador fuera del terreno de juego puede darse de forma individual y muy directa mediante la visualización de vídeos personalizados, bien sea para corregir sus errores como para potenciar sus puntos fuertes.

Todos los segundos que se han entrevistado declaran que el uso del vídeo actualmente es una herramienta fundamental para mejorar el rendimiento del jugador y del equipo, además algunos utilizan otras tecnologías en el uso diario de sus labores. Aunque tienen muy claro que lo más importante de la cuestión es el que, no el como; por ejemplo, Giráldez nos apunta bien claro que *"las tecnologías no son lo importante, lo esencial son los contenidos"*. Él mismo confirma que en el Watford FC lo usan con asiduidad cada semana, en conjunto todo el equipo y también de forma individualizada, sobre todo por dos motivos:

- Para ayudarles a ser conscientes de lo sucedido reforzando aciertos e intentando corregir errores
- Para adelantarles lo que sucederá

Además apunta otras tecnologías que hacen servir: pizarra táctica, Ipad®, y entrega de imágenes en USB.

Torrent, que trabajó también para Guardiola en el FC Barcelona como scouting de rivales, es un experto en el vídeo análisis y en el uso de diferentes tecnologías audiovisuales:

"Hago servir el vídeo para las charlas que tengo semanalmente con los jugadores, para dar información real de lo que nos encontraremos del contrario. Además utilizo otras tecnologías como programas informáticos de animación para marcar las jugadas de estrategia (ABP) que haremos o que defenderemos".

Víctor Sánchez y el staff utilizan el vídeo para muchas situaciones diferentes, así como diferentes plataformas de edición y scouting:

"Como staff sí que hacemos servir el vídeo con los jugadores. Del rival, de nosotros mismos, de los entrenamientos, antes de los partidos, después de los partidos, en todo momento. Las plataformas que tenemos las pueden tener cualquier equipo de nuestro nivel. Desde edición y cortes de vídeo, la tecnología que hacen servir todos los equipos de las primeras

ligas del mundo para el tema de scout de jugadores y poder extraer cualquier partido de cualquier liga".

Pérez en el Tottenham también graban, además de los partidos, todas las sesiones de entrenamiento. Incluso las tareas condicionales de prevención dentro de las instalaciones:

"Sí que utilizo el vídeo con los jugadores, para el análisis previo y post partido, para la pelota parada e incluso para algunas tareas de entrenamiento. Nosotros por ejemplo grabamos todos los entrenamientos tanto interiores como exteriores. Desde que el jugador comienza a hacer la prevención hasta que acaba el entreno, lo grabamos todo".

Además confiesa que el equipo londinense tiene todas las tecnologías actuales, sobre todo a nivel condicional:

"Toda la tecnología de medición de la carga interna y externa que hay en el mercado. Tanto para entrenamiento de campo como entrenamiento de indoor".

Unzué por su parte, se sentiría hoy en día muy limitado como entrenador sin el vídeo, pero también alerta de sus peligros. Comenta la importancia de saber utilizarlo porque puede dejar en evidencia al jugador:

"Sí, nosotros en general, sin el vídeo, e incluso iría más allá: sin la grabación propia. Hay mucha diferencia entre la grabación de un partido de la televisión, con una grabación propia. Son 22 jugadores en movimiento continuamente, y en una idea del juego que hacemos nosotros, es muy importante lo que ocurre cerca de la pelota, pero también es muy importante lo que ocurre lejos de ella. Lo que ves en la televisión, en muchos casos no se ven los alejados, y para tener éxito o fracaso en la siguiente jugada es muy importante lo que estén haciendo aquellos jugadores que están más alejados del balón. Y ya no solo con los jugadores de campo, sino también con el portero, porque muchas veces podrá llegar a una jugada dependiendo de donde esté colocado.

Para poder, primero, no tener ninguna duda de lo que has visto en directo y sobre todo para poder exponerlo al jugador con un criterio evidente, necesitas ese vídeo. Al final, al

> *hablarle a los jugadores por sensaciones, el jugador fácilmente te puede rebatir, y sin imágenes es uno contra el otro, y muchas veces lo que has visto en el momento no es tan real como después lo ves en el vídeo. Es que el fútbol es muy complejo y al final yo veo un partido diferente de lo que veía hace quince años, puedes captar ciertos detalles en directo, pero no puedes captar todo. Cuando vas al vídeo es cuando vas captando todo lo que ha ocurrido.*
>
> *El vídeo es una manera de poder decirle al jugador lo que ha pasado. Y esto es algo muy positivo para él, porque siente que le beneficia, al fin y al cabo, el jugador que es inteligente y un poco ambicioso, quiere mejorar. Si él entiende que lo que le estás enseñando, tú intención es que sea cada día mejor, lo va a querer para él. El vídeo te da muchas posibilidades de mejorar, pero también te da muchas posibilidades de equivocarte, muchas más que si no lo tienes: ¿Cómo?, ¿Cuándo?, ¿Por qué? Hay que ser lo suficientemente inteligente, hay que utilizarlo con cuidado porque puede dejar a veces al jugador en evidencia. Necesitas saber qué necesita el jugador en cada situación, en cada momento, si necesita reforzarle, si necesita apretarle para que mejore, cómo es ese jugador. Si le gusta que le reafirmen, o le gusta que le apreten y sentirse un poco con ese estrés, porque los hay que se sienten bien en esa situación. ¿De forma individual? ¿De forma colectiva?*
>
> *El vídeo nos da muchas, muchas posibilidades, y ya te digo que yo ahora si me fuera a entrenar a un lugar que no pudiera disponer del vídeo, me sentiría muy limitado".*

A su vez, agradece a las tecnologías de edición de vídeo porque le quitan muchas horas de trabajo:

> *"Gracias a todos los programas de software lo que hacen es reducir mucho el tiempo de trabajo, porque el vídeo lleva mucho tiempo. Todo lo que ayude a reducir esos tiempos es fantástico para nosotros".*

Aspiazu hace uso del vídeo en el Athletic Club para analizar el juego, potenciar virtudes y corregir errores. Grande por su parte dice que *"el vídeo me sirve para las explicaciones a los jugadores del análisis de los rivales y del propio equipo"*. Ribera apunta que lo bueno de trabajar en un club como el RCD Espanyol de primera división es que tiene acceso a diferentes tecnologías muy útiles para su trabajo:

> *"Para mi hoy en día el vídeo es básico. Por suerte un equipo de primera división te da unas tecnologías que se pueden aprovechar. Nosotros trabajamos con el ERIC SPORTS que nos funcionaba muy bien y le damos mucha utilidad. Lo aprovechábamos para el jugador, porque éste hasta que no se ve, muchas veces no te cree".*

Argumenta como lo utilizaban, sobre todo para mejorar el rendimiento de los jugadores:

> *"A nivel grupal cada semana lo utilizábamos para el informe del rival y para potenciar o mejorar las cosas que hacíamos bien o mal. Y a nivel individual sobre todo para correcciones, para intentar que el jugador no cometa errores, intentando que las cosas que hace bien las siga haciendo bien, pero lo que hace mal las intente corregir".*

A su vez utiliza otros programas de vídeo análisis conjuntamente con la secretaría técnica y el analista del club para otro tipo de tareas:

> *"También usábamos otros programas como el WYSCOUT en pretemporada y en mercado de fichajes para el seguimiento de jugadores. Además el analista lo utilizaba para dar información a los jugadores de los rivales que se van a enfrentar, dando informes individualizados de cada jugador".*

Y es que, como vengo comentando, el vídeo es una de las herramientas más utilizadas e importantes para los técnicos. Todos los entrevistados confirman la relevancia sobre el trabajo de hoy en día con el vídeo para la mejora individual del jugador y para conocer el rival. Actualmente está muy instaurado su uso, así como la figura del analista en los staffs, quienes graban los partidos, cortan las jugadas seleccionadas, realizan ediciones y cortes individuales de jugadores y todo tipo de trabajo que sus técnicos le encomienden relacionado con imágenes. Para ello, disponen de programas normalmente de alto coste y especializado para la edición deportiva. Todo un mundo hoy en día.

De hecho, *la liga* aporta a cada club profesional (de primera y segunda división) los vídeos de todos los partidos, pero aún y así muchos clubs, sobre todo los de más alto presupuesto, prefieren tener sus propias grabaciones por un tema de calidad: sin interrupciones, sin enfoques personalizados a los jugadores y pudiendo ver la totalidad de su equipo en el terreno de juego, incluso desde el portero hasta el delantero.

ACCIONES A BALÓN PARADO (ABP)

"El gol de la décima no solo lo metí yo, lo metimos todos los corazones madridistas".

SERGIO RAMOS

No podría decir con exactitud qué temporadas ni quiénes fueron los que iniciaron la moda del segundo entrenador como responsable de estudiar, organizar y entrenar todas las ABP del equipo. Lo cierto es que en la actualidad una de las responsabilidades más importantes del segundo son este tipo de acciones del fútbol.

A continuación se define el concepto de Acción a Balón Parado (ABP), se debate sobre una adecuada terminología y se justifica su importancia en el rendimiento del fútbol actual mediante el análisis de las investigaciones sobre las estadísticas de los goles a balón parado. Todo ello basado en los resultados de mi Tesis Doctoral sobre las ABP titulada "Práxis de las Acciones a Balón Parado en Fútbol. Revisión conceptual bajo las teorías de la Praxiología Motriz" (Silva, 2011).

CONCEPTO

Como definición son todas aquellas acciones que reanudan el juego después de una interrupción reglamentaria. Realmente el concepto de acciones a balón parado, lo que últimamente y de una forma por fin acertada se le denomina directamente con las siglas ABP, puede definirse de forma más amplia y académica (Silva, 2011: 107):

"Las ABP en fútbol son las acciones motrices de los jugadores que parten de la reanudación del juego tras una interrupción reglamentaria. Estas pueden ser de «cooperación» en el caso de que se esté en posesión del balón (ofensivas) o de «oposición» si no se está en posesión del balón (defensivas). Se dan ocho situaciones en las que se reanuda el juego:

- *penalti*
- *libre directo*
- *saque de esquina*

- *saque de salida*
- *saque de meta*
- *libre indirecto*
- *saque de banda*
- *balón a tierra".*

Todas estas acciones pueden servirse de forma improvisada por el jugador y también se pueden servir siguiendo las pautas preestablecidas y dirigidas por el segundo, lo que se denomina como *jugadas o acciones ensayadas a balón parado* (Gómez, 1999).

Las *jugadas ensayadas a balón parado* que diseña y entrena generalmente el segundo entrenador las podemos clasificar con el objetivo de establecer una terminología unificadora. Esto facilitará la comprensión por parte de todos (cuerpo técnico y jugadores) para realizar explicaciones técnicas o bien recoger un análisis estadístico de las ABP en competición. A continuación muestro a modo de ejemplo, una posible terminología a la hora de trabajarlas:

1. saque de esquina o córner
2. falta lateral profunda
3. penalti
4. libre directo frontal del área
5. libre indirecto frontal del área
6. falta lateral
7. falta medio campo
8. saque de banda
9. saque de salida o de comienzo

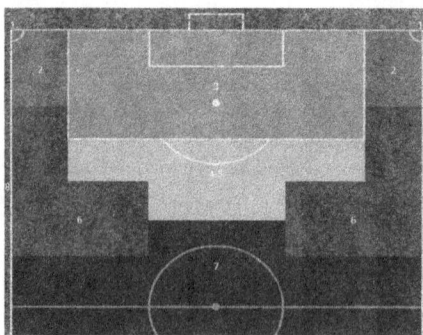

Figura 6. Zonas del campo de las diferentes jugadas ensayadas a balón parado.

TÉRMINO DE "ESTRATEGIA"

Se intenta dar una visión nueva sobre el antiguo término de "Estrategia" que se viene aun erróneamente utilizando en España para hacer referencia a las acciones que reanudan el juego después de una interrupción reglamentaria. Se substituye por uno que va siendo aceptado por la comunidad futbolística poco a poco: las acciones a balón parado (ABP).

Ya en los años noventa, Francisco Lacuesta se pronuncia sobre el término "Estrategia" (1997: 160):

> *"En general, este vocablo se identifica como «hacer planes a medio y largo plazo sobre una materia determinada o sobre un asunto». Hasta ahora y desde hace muchísimo tiempo, hablando de fútbol, la mayoría de los entrenadores, jugadores, periodistas, aficionados y, en general, todos los que se relacionan con este deporte, emplean, casi en exclusiva, el término «Estrategia» para definir las «acciones del juego que tienen su origen en un saque» y que se pueden tener pensadas y ensayadas para sorprender al adversario y lograr desarrollar una jugada eficaz".*

De esta manera se acerca más al vocabulario anglosajón, según *Football Dictionary* de la *FIFA* (Binder y Brasse, 1998), "Estrategia" se traduce al inglés como "strategy", pero el término que realmente hace referencia a las acciones a balón parado hay que buscarlo por *Set-play* (o *Set play*). Un claro ejemplo lo encontramos en el título de un libro en 1997 de dos autores americanos Malcolm Simon y John A. Reeves; "Soccer Restart Plays", que al traducirlo al castellano queda titulado y publicado en España como "Fútbol. Jugadas a Balón Parado". Y es que de hecho, existen muchas palabras de la terminología futbolística que provienen de la influencia del fútbol inglés, pero en concreto "strategy" no es lo que la Escuela Nacional de Entrenadores de la Real Federación Española de Fútbol (RFEF) redactó en su primera definición. En el volumen "Táctica, Estrategia, Sistemas de Juego" del Curso Nivel III de Entrenador Nacional de Fútbol, escrito por Mariano Moreno, quien fue director de la Escuela, dice (1994a: 225-226):

> *"4.1. Estrategia (Tácticas fijas):*
>
> *Son todas aquellas acciones que se pueden desarrollar en un partido, tratando de aprovechar o neutralizar toda clase de lanzamiento a balón parado:*
>
> - *Estrategia ofensiva*
>   - *Lanzamientos*
> - *Estrategia defensiva*
>   - *Formación de barreras*
>
> *Tácticas a balones detenidos*
>
> *Las reglas del fútbol sancionan las faltas o las salidas del balón del terreno con interrupciones del juego. El balón será puesto nuevamente en juego por intermedio de un tiro libre, un tiro de esquina, un penal, un saque lateral o un saque de meta.*
>
> *Todas estas situaciones particulares son objeto de maniobras elaboradas y automatizadas mediante entrenamientos específicos.*
>
> *Los jugadores llamados a realizar estas acciones deben poseer ciertas cualidades precisas y estar preparados para utilizar sabiamente estas ocasiones. Los automatismos en estas jugadas han adquirido una importancia primordial, ya que una gran cantidad de goles provienen de estas acciones".*

Casi diez años después, en 2002, el mismo Moreno redacta un artículo titulado "Estrategia futbolística" redefiniendo de nuevo este concepto que, como él mismo expone (2002: 5-7):

> *"En cierta ocasión, y muy recientemente, un técnico me indicó y solicitó al mismo tiempo, que en la Escuela Nacional modificase el texto y la definición de Estrategia, y que lo adaptase a la realidad. Yo quise entender que se refería a lo que él interpretaba y que no había analizado en su auténtico desarrollo práctico".*

Moreno vuelve a nombrar las reanudaciones del juego como *Tácticas fijas: Estrategia*, y las define de nuevo como en los textos anteriores, pero esta vez para el término específico de "Estrategia" añade (2002: 6):

> "Algunos entrenadores tienen la creencia que Estrategia es aquello que tan solo se realiza durante un partido mediante acciones sorpresivas cuando se pone el balón en juego, y la verdad no es solo eso exactamente, toda vez que aquello que un equipo pone de manifiesto, tanto en ataque (poner el balón en juego) como en defensa (neutralizar las acciones sorpresivas de los oponentes), es como consecuencia de la labor y conocimientos del entrenador y jugadores, que en colaboración con estos, se desarrollan durante las sesiones de trabajo; lo que quiere decir que la Estrategia se trabaja durante los entrenamientos para ponerlo en práctica en los partidos.
>
> Es más, también consideramos Estrategia aquello que piensa, planifica y desarrolla el entrenador con sus jugadores con la idea de sorprender tácticamente al equipo adversario y que explica a sus discípulos con consignas claras para su cumplimiento durante el juego, que es en definitiva toda aquello que un equipo desarrolla durante un partido en los conceptos de Sistema de Juego, Tácticas Móviles, Tácticas Fijas y la consiguiente Organización del Juego del Conjunto".

ESTADÍSTICA DE GOLES Y ACCIONES A BALÓN PARADO

Sin duda que las ABP tanto ofensivas como defensivas son una parte importante del rendimiento en el fútbol, y por lo tanto, deberían serlo también del entrenamiento y su análisis. Históricamente se han realizado numerosas investigaciones de diferente naturaleza sobre esta parte del juego, pero sobre todo abundan las que relacionan las ABP con el gol. De treinta y dos investigaciones se obtuvieron un promedio de 32,3% goles a balón parado (tabla 1). Uno de cada tres goles (33%) en el fútbol vienen de ABP, sin duda un porcentaje a tener muy en cuenta en la competición y que el segundo entrenador deberá manejar con calidad y trabajo para dar el máximo rendimiento al equipo, mostrando originalidad y la mayor eficacia posible en las jugadas a favor, así como seguridad y solvencia para defenderse de las jugadas del rival.

Tabla 1. Recopilación de estudios sobre el porcentaje de goles a balón parado (Silva, 2011: 127).

autor (año)	competición	% goles ABP
Hugues (1980)	Finales de los Mundiales entre 1966 y 1986	48,1%
Bate (1988)	3ª división inglesa (Notts County FC) 1985/86	46,0%
Olsen (1988)	Mundial México 1986	27,5%
Reilly, Lees and Davids (1988)	Mundial México 1986	25,8%
Loy (1990)	Mundial Italia 1990	30,0%
Dufour (1993)	Mundial España 1982	45,0%
Jinshan et al. (1993)	Mundial España 1982	26,0%
	Mundial México 1986	23,0%
	Mundial Italia 1990	32,0%
	Mundial USA 1994	39,0%
Marcos (1994)	Mundial USA 1994	39,0%
Alonso (1995)	Mundial USA 1994	39,3%
Castellano y Zubillaga (1995b)	Mundial USA 1994	50,4%
Yagüe y Paz (1995)	Liga española 1994/95	29,0%
Pérez y Vicente (1996)	Mundial USA 1994	30,3%
Olsen and Larsen (1997)	Selección Nacional Noruega 1994	32,1%
Turpin (1998)	Mundial México 1986	23,0%
Gómez (1999)	Liga española 1989/90	16,3%
	Mundial USA 1994	32,3%
	Mundial Francia 1998	34,1%
Grant et al. (1999)	Mundial Francia 1998	24,6%
Bangsbo and Peitersen (2003)	Mundial Italia 1990	32,0%
	Mundial USA 1994	25,0%
Valverde y Sainz (2006)	Mundial de Corea 2002	35,5%
Vázquez (2007a)	Mundial Alemania 2006	41,5%
Vázquez (2008)	Eurocopa Suiza-Austria 2008	29,9%
Acar et al. (2009)	Mundial España 1982	26,0%
	Mundial México 1986	26,0%
	Mundial Italia 1990	27,3%
	Mundial Francia 1998	32,2%
	Mundial Corea-Japón 2002	29,0%
	Mundial Alemania 2006	37,0%
promedio		32,3%

A grandes rasgos las conclusiones estadísticas más relevantes de la tesis fueron (Silva, 2011):

Sobre las estadísticas de los goles a balón parado:

- Una tercera parte de los goles constatados en la Liga española 2008/09 fueron a partir de ABP.

- En los campeonatos con fases eliminatorias el porcentaje de goles ABP son mayores que en las ligas.

- Penalti y saque de esquina son las ABP que más goles consiguen.

Sobre las ABP que se envían al área:

- Durante la segunda vuelta de campeonato de liga hay más envíos al área de ABP.

- La *zona crítica de área* (zona 2 en la fig. 7) es donde se observan más remates y goles de todas las ABP.

- El saque de esquina es la ABP a partir de medio campo que más se repite, un promedio de diez por partido.

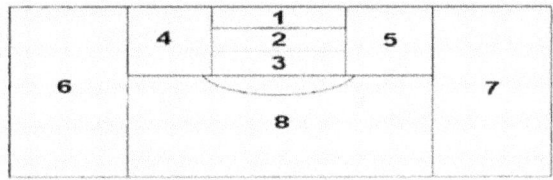

Figura. 7. Representación de las áreas utilizadas en el análisis de los saques de esquina de Taylor, James & Mellalieu (2005: 226).

Sobre los saques de esquina:

- La *zona crítica del área* es el destino más frecuente en los lanzamientos de saques de esquina (35,4%).

- Uno de cada tres saques de esquinas son rematados, siendo el área de meta (zona 1 en la fig. 7) la zona donde se observa mayor eficacia en el remate a gol.

- La eficacia de los saques de esquina confirma que solo el 1,1% de los mismos acaban en gol.

Sobre el entrenamiento de las ABP:

- El tiempo dedicado al entrenamiento de las ABP en el primer equipo del Getafe CF la temporada 2008/09 fue del 5,55% del total de entrenamiento.
- Se observa un ligero aumento de su entrenamiento a medida que avanza la temporada.
- En las sesiones de pretemporada predomina el entrenamiento defensivo de las ABP más que el ofensivo (20 a 14).
- Las ABP ofensivas se entrenan más en la segunda vuelta del campeonato que en la primera (69 por 46).
- Existe mucha diferencia entre el porcentaje de goles ABP y su entrenamiento: 32,1% y 5,55% respectivamente.

De los segundos entrenadores entrevistados, todos ellos, como ya se ha comentado en capítulos anteriores, se encargan de las ABP ofensivas y defensivas. Tan solo Diego Ribera comparte esta responsabilidad directamente con el míster, ya que a Sergio le gusta estar presente en las jugadas a balón parado. En los días de partido, Ribera además de señalar las jugadas a los jugadores, se encarga de dar las marcas una vez conoce la alineación rival.

Alberto Giráldez, define las tareas que realiza antes de los partidos como la *"Preparación de la estrategia (ABP)"*:

- Consultar la decisión sobre que jugadas realizar
- Representarlas gráficamente e imprimirlas
- Ubicar las representaciones gráficas de las ABP en el vestuario
- Ajustar marcas tras conocer la alineación del oponente
- Informar de manera individualizada a los jugadores

Víctor plantea como desarrolla las ABP durante el partido, comparte la función con otro integrante del staff que también está en el banquillo:

"Durante el partido, que al final es la parte donde se consiguen los resultados, yo estoy en el banquillo juntamente con Nacho Torreño y con el míster para intentar darle el feedback que vamos viendo durante el partido, bien sea con los cambios, con la estrategia del juego, y con cosas que podemos ir cambiando. También estamos en contacto con el analista, y en las acciones a balón parado entre Nacho y yo

nos encargamos de explicarles a los jugadores que están en el banquillo y que entrarán a jugar cuales serán sus roles en estas acciones. En los partidos Nacho y yo somos los que decimos a los jugadores las acciones a balón parado, y me tengo que asegurar que es lo que le diré al jugador antes que salga al campo, pero no me siento responsable si el jugador marca gol en esa jugada. Me siento responsable de todo lo que pasa alrededor del equipo".

Por su parte, Pérez prepara y entrena las ABP en el Tottenham dando mucha importancia al análisis del rival trabajando con el vídeo y las animaciones debido a la gran carga de partidos que tienen en Inglaterra:

"Las acciones de balón parado son responsabilidad directa mía, que junto a la colaboración de los analistas me permite con mucho detalle conocer al rival y preparar cada partido con diferente aproximación.

Tras años de trabajo juntos, la confianza es una clave que genera independencia. Me gusta consultar todo porque es su estilo de hacer todo y creo en ello. Todos tenemos visiones y detalles que enriquecen una idea, yo preparo el vídeo pero me gusta compartirlo. Tenemos flexibilidad en el juego de balón parado ofensivo, siempre como podemos explorar al rival. A nivel defensivo ajustando nuestros principios para evitar situaciones de fortaleza del rival que intuimos nos va a hacer. Resaltamos que nos puede hacer el rival en función de nuestras últimas actuaciones, es importante anticipar que piensa el rival en estas acciones tan concretas del juego.

El vídeo y las animaciones son claves para equipos que compiten con tanta densidad".

Al igual que Unzué cuando trataba en el capítulo anterior sobre la preparación de los partidos, el escaso tiempo de entrenamiento del que disponen equipos que suelen competir dos veces por semana, hace que el vídeo sea como una tarea más de entrenamiento de las ABP para Pérez. Éste es un punto interesante y novedoso, ya que tradicionalmente estas acciones se han entrenado durante mucho tiempo en el campo a final de semana. Siempre se ha nombrado la dificultad de entrenarlas durante las sesiones y sigue siendo debate común entre técnicos: "¿Cómo entrenas tú el balón parado?". Seguramente habréis probado de muchas formas diferentes: durante los partidos de entrenamiento, de forma aislada con los defensores, solo con los atacantes, con el grupo de jugadores titulares en el partido del día siguiente, en grupos reducidos, mediante estructuras competitivas, de maneras más lúdicas, e incluso en forma de autogestión por parte de los jugadores, quienes ellos mismos han de crear sus propias jugadas ensayadas.

Esto sugiere fuertemente que nadie puede decir a ciencia cierta qué método es el más eficiente para entrenarlas, sin que los jugadores se aburran, sin que lo hagan prestando poca atención y concentración o simplemente sin que se mueran de frío. Lo que sí parece, y pronunciando otra vez las tendencias actuales, es que el vídeo gana terreno de nuevo. ¿Estará cambiando el modelo de entrenamiento de las ABP hacia el visionado de vídeo? ¿Se estará confiando más en el lanzador y en la comprensión de los movimientos y responsabilidades por parte del resto que en su entrenamiento?

Por otro lado, permitidme el lujo de seguir con las tendencias actuales nombrando una serie de puntos importantes a los que un segundo entrenador debe tener en cuenta sobre la preparación y entrenamiento de las ABP: juego de los rechaces o segundas jugadas, balances defensivos y trayectorias del balón.

FORMACIÓN CONTINUADA

"El genio se hace con un 1% de talento y un 99% de trabajo".

ALBERT EINSTEIN

Coinciden todos los segundos entrenadores entrevistados en que siempre están en permanente formación, como una constante obligatoria en su proceso laboral. En cuanto a la manera de formarse, distinguimos los que destacan una formación basada en la lectura de libros y el estudio más técnico mediante cursos de la Federación de Fútbol, de aquellos que plantean una forma más práctica de ir aprendiendo día a día, mediante el intercambio de información y visualización con otros equipos y/o entrenadores.

Jesús Pérez distingue en su formación diferentes áreas de aprendizaje, siendo uno de los que más valora el segundo tipo de formación más práctica:

"Un sesenta por ciento de mi formación es mediante intercambio con gente, contactos telefónicos, visitas, etc. Lectura e internet es otra fuente. Después, de donde más aprendo es del personal que trabaja conmigo, de los jugadores, ya que éstos vienen cada uno de un país diferente, han trabajado con técnicos diferentes. Y lo que más te enseña es la competición. Estas son un poco las cuatro áreas de donde yo voy intentando aprender".

En esta misma línea, Aspiazu da mucha importancia a seguir formándose diciendo que:

"En el fútbol, como en la vida, hay que seguir formándose para seguir desarrollándose, y la mejor manera que conoce para hacerlo es el habitual contacto con otros entrenadores, ya sean de la casa (Lezama) o del exterior".

Toni Grande también es de los que se forma de una manera más práctica mediante el trabajo y la dedicación, exactamente igual que Unzué, quien nunca deja de formarse continuamente, su formación durante toda la vida ha estado basada en sus propias vivencias. Confiesa tener la suerte de haber podido estar cerca de grandes técnicos y vivir aprender en primera persona de los mejores:

> *"Para mí cada día que pasa es una posibilidad de formarme, y el día que deje de pensar esto, estoy muerto porque te vas a quedar atrás muy rápidamente. No tengo ninguna duda que hay mucha gente más capaz de lo que pensamos y que las nuevas generaciones, al igual que la nuestra, todo va evolucionando. En el aspecto táctico, el propio reglamento ha hecho que se evolucione, muchos cambios tácticos que nos han dejado gente que ha venido desde fuera.*
>
> *Para mí el entrenador español está muy preparado, la experiencia que tengo, que no es poca, me hace pensar que el entrenador español, posiblemente es el que esté mejor preparado en el aspecto táctico, tanto defensivamente, e incluso ahora ofensivamente. Y digo esto desde el respeto. Y si digo esto es porque sé que hay muchas maneras de dirigir, muchas formas de ganar y de perder. El entrenador español, no solo ha aprendido de los entrenadores españoles, sino que se ha podido aprovechar de unos años que han venido de fuera de donde hemos ido adquiriendo una mezcla de ideas futbolísticas que las hemos hecho como nuestras. Creo que hay gente muy, muy capaz, y en el momento que piensas que ya lo sé todo, estás perdido seguro".*

Según él, la mejor vía de aprendizaje es la experiencia, y se siente un privilegiado por sus propias vivencias como jugador y después en los diferentes cargos como técnico:

> *"En mi caso, gracias a Dios, me siento un privilegiado en esto, me he tirado treinta años seguidos trabajando. Ha sido todo experiencia propia, es decir, vivencias propias que ha sido mi forma de crecer. He tenido la suerte de ver que es la mejor posibilidad. Evidentemente a veces sí que he pensado que me hubiese gustado tener unos estudios más para poder tener, más que conocimiento en si, el vocabulario, el saber porque hacíamos las cosas. Cuando he visto que tenía estas deficiencias, preguntaba a la gente que tenía alrededor que más sabía de eso.*
>
> *Por ejemplo, cuando vine de entrenador de porteros, sabía el tipo de entrenamiento que podía hacer, pero no sabía*

calcular las cargas, cuanto y cuando debería de hacerlo. Y lo que hice fue aprovecharme de los conocimientos que tenía a mi alrededor para adquirir ese conocimiento que no he tenido desde la teoría, desde el estudio. El mío ha sido desde la práctica. Digo que es personalmente la mejor porque simplemente la teoría te la pueden enseñar, desde los libros, desde la visión de muchos entrenamientos, pero saber, conocer, la voz del entrenador, saber cuando y por qué se dice esto… Eso es lo que marca la diferencia respecto el que no ha tenido la suerte de poder vivirlo en directo. Tiene ese conocimiento teórico que es importante, pero no el conocimiento más cercano de la raíz".

Además pronuncia su experiencia y todo lo que aprendió sobre táctica cuando ejercía de entrenador de porteros en el FC Barcelona de Pep Guardiola:

"Por ejemplo, tu puedes copiar la salida de tres, pero no tienes el conocimiento de dónde ha salido esa idea de la salida de tres. Yo he tenido esa suerte de saber el porque, la raíz de cada decisión táctica que se ha hecho. Ya no es un tema de copiar, sobre todo en el aspecto táctico Pep me ha ayudado a ver el fútbol de otra manera. Me fijo en otras cosas que antes no me fijaba, veo otro partido del que veía hace quince años. Para mí ha sido un privilegio el poder escuchar, y ponernos una mesa y preguntarnos porque hacemos esto o lo otro".

Por otro lado, Alberto Giráldez combina perfectamente el estudio teórico con el práctico. Se forma de manera continuada mientras trabaja:

"Recabando todo tipo de información, leyendo mucho, intercambiando información con otros técnicos y observando entrenamientos de diferentes equipos".

Hay que destacar en Alberto su formación académica previa a ser segundo entrenador profesional, asistiendo como ponente y oyente a numerosos congresos, clases de masters, simposios, cursos, ponencias, etc. además de obtener en su haber tres masters y un curso de director de fútbol, todo ello después de licenciarse y sacarse en Nivel III de entrenador.

Víctor, que se licenció en Ciencias de la Actividad Física y el Deporte años atrás y realizó varios cursos académicos como un máster en deportes de equipo, no tiene tiempo actualmente para seguir formándose de forma reglada. Intenta leer mucho y aprender del día a día con Sousa y con el resto de compañeros del cuerpo técnico:

> *"Sigo formándome, pero a nivel reglado es muy difícil. Lo que hacía antes de entrar en el mundo profesional de inscribirme a tres o cuatro cursos de cualquier cosa que me pudiera ayudar, de eso me es muy difícil. Intento hacer formación de este tipo mediante amigos que van a algún curso y me pasan la información interesante, o hablo con algún amigo y veo si puede ir a grabármelo. Y después está la otra parte de mi formación, a parte de mi trabajo el día a día que es la mejor que tengo con las otras personas del staff y con el míster, la lectura. Considero que me estoy formando cada día porque intento ir leyendo y viendo cosas nuevas cada día".*

Por su parte, Torrent sigue formándose asistiendo a conferencias y cursos de entrenador de la Federación Española de Fútbol, al igual que Diego Ribera quien aprovecha este tiempo libre entre temporadas para sacarse el Título de Entrenador Nivel III y aprender inglés:

> *"Estos seis meses que he estado sin entrenar he aprovechado para hacer el Nivel III de entrenador, luego también estoy trabajando duro en el inglés, por si tenemos opciones de ir fuera. Luego siempre estamos leyendo libros de fútbol, sobre todo libros de balón parado. Siempre es importante leer para poder aprender".*

Las declaraciones de los técnicos denotan la importancia que le dan a la formación, al no quedarse atrasados o desconectados de las últimas tendencias. Aunque en sus cargos como segundos de equipos de élite la formación es constante por el simple día a día en el trabajo, a la mínima que pueden intentan "regalarse" una formación extra, bien sea académica o vía laboral. Pero yo me pregunto, ¿Existe una formación técnica y específica sobre los segundos entrenadores de fútbol? En la vía académica es prácticamente inexistente. Si hay alguna cosa es esporádica, como en el *II Curso de Formación Continua de la Licencia UEFA* PRO, donde la RFEF incluyó como parte lectiva una mesa redonda con segundos entrenadores profesionales de la Liga. Podemos encontrar alguna clase suelta de un segundo en los cursos de entrenadores discurseando sus experiencias, pero poca cosa más.

De hecho si uno pretende buscar literatura para aprender leyendo sobre la profesión de segundo entrenador, solo va a poder encontrarse con esta obra. Es por esta razón que los técnicos entrevistados buscan mediante las relaciones laborales, intercambios y visionado de otros equipos profesionales, para ver lo que hacen y como lo hacen. Tal vez sea el momento de, como en otras áreas de trabajo en los clubs de fútbol, formar un área de segundos entrenadores en la que puedan reunirse, compartir experiencias, información y mantengan un contacto más común, una formación permanente. Las diferentes áreas de los clubs, como el de rendimiento deportivo, el de preparación física, metodología, porteros, scouting, análisis, médica, etc., tienen sus reuniones y formaciones, se coordinan para trabajar todos a una, en un mismo sentido y con un común denominador. No es así para los segundos entrenadores.

A continuación en la segunda parte del libro hablo sobre el fútbol base, de cómo realizar un seguimiento y entrenamiento individualizado, de la gran responsabilidad que ello conlleva al segundo en la formación de los jóvenes futbolistas para educarles y enseñarles de una forma individual e integradora. Por este motivo y desde mi punto de vista, los segundos deben estar organizados y guiados bajo una coordinación especializada desde dentro de sus clubs. Necesitan un área de segundos entrenadores en la que se pueda trabajar de forma conjunta, inicialmente en torno a:

- Protocolo de actuación en los partidos
    - Objetivos y focos de atención
    - Coordinación con el entrenador
- Protocolo de actuación en los entrenamientos
    - Objetivos y focos de atención
    - Coordinación con el entrenador
- ABP
    - Defensivo (defensa al hombre, en zona, mixta)
    - Ofensivo (jugadas ensayadas)
    - Metodología de entrenamiento
    - Planificación de entrenamiento
- Comunicación con los jugadores
    - Tipos de comunicación
    - Control de la comunicación
- Seguimiento individualizado del jugador
    - Ficha del jugador
    - Seguimiento académico
    - Familia
- Entrenamiento individualizado del jugador

PARTE II
EL SEGUNDO ENTRENADOR DE FÚTBOL BASE

EL DEPORTE COMO UNA "ESCUELA PARA LA VIDA"

> "El deporte tiene el poder de transformar el mundo. Tiene más capacidad que los gobiernos de derribar barreras raciales".
>
> NELSON MANDELA

La sociedad en global tiene asumido que la práctica del deporte aporta beneficios en las personas, no solo en el ámbito de la salud e higiene, sino además en el ámbito social y educativo. Son numerosos los textos redactados que promueven el deporte como una forma muy útil de educar a los jóvenes. *Las Naciones Unidas* fomenta esta idea nombrando *"El Deporte como una Escuela para la Vida"*, y enumera una serie de habilidades y valores que se aprenden a través de su práctica (Crespo, 2006):

- Cooperación
- Comunicación
- Respeto por las reglas
- Resolución de problemas
- Comprensión
- Relación con los demás
- Liderazgo
- Respeto por los demás
- Cómo ganar
- Cómo perder
- Cómo manejar la competencia
- Juego limpio
- Compartir
- Autoestima
- Confianza
- Honradez
- Amor propio
- Tolerancia
- Resistencia
- Trabajo en equipo

- Disciplina
- Confianza en uno mismo

El texto concluye dando unas consideraciones clave en relación con el deporte y la educación que bajo mi punto de vista son del todo acertadas (2006: 14):

"Para alcanzar objetivos más altos en la educación y el desarrollo, los programas deportivos deben centrarse en el desarrollo del individuo y no sólo en el desarrollo de las habilidades deportivas de índole técnica".

De hecho, la palabra *Deporte* ha sido definida hace muchos años bajo multitud de interpretaciones y por diferentes autores, encontrando así la de C. Diem (1966, extraído de Hernández, 1998: 14): *"Es un juego portador de valor y seriedad practicado con entrega, sometido a reglas, integrador y perfeccionador, ambicioso de los más altos resultados"*. Söll señala la función educativa del deporte, como una formación de la personalidad (en Hernández, 1998: 14):

"Es una actividad libre y sin objeto, pero realizada sistemáticamente y según reglas determinadas: una actividad de la totalidad hombre, de movimiento corporal ejercida en competición y en colectividad que primariamente sirve para la ejercitación y educación del cuerpo, pero finalmente tiene también presente la formación de toda la personalidad".

Concretamente en el deporte del fútbol, su práctica aporta unos beneficios a diferentes niveles para las personas que lo practican. Para Moreno y García (1998) es uno de los deportes que más se practica desde jóvenes en los colegios debido a que:

1. Satisface la necesidad de movimiento
2. Satisface la necesidad de juego
3. Aporta beneficios fisiológicos
4. Aporta beneficios psicológicos
5. Aporta beneficios en el plano social

El fútbol no solo se practica en colegios, son los clubs de fútbol los verdaderos responsables del proceso de formación deportiva de los jóvenes jugadores de fútbol. A diferencia de otros países como por ejemplo Estados Unidos, España tiene una estructura muy potente en cuanto a clubs. El deporte regularizado se basa fundamentalmente en las federaciones y los clubs deportivos. El Consejo Superior de Deportes (CSD) da a conocer cada año en la "Memoria de Licencias y Clubes" (www.csd.gob.es) los datos sobre el número de licencias inscritas en las diferentes federaciones deportivas de España. En la última, el año 2014, se registraron un total de 64.755 clubes repartidos en sesenta y seis deportes, 3.388.098 licencias inscritas.

La Memoria muestra como el fútbol es la que tiene más licencias deportivas con 874.093, el 26,6% del total, por delante del baloncesto con 354.949 licencias. En cuanto a los clubes, de nuevo el fútbol está muy por encima del resto de deportes con 21.649 clubs inscritos en las federaciones de fútbol (el 33,4%), seguido de la caza (recogida por el CSD como una disciplina en medio natural, con animales y desarrollada con armas), siendo la segunda federación con más clubes deportivos en España con 6.535.

Estos datos dan una idea de la importancia y por lo tanto de la responsabilidad de los clubs deportivos en la sociedad española. En los clubs se realizan las prácticas deportivas, son los que disponen de los medios, instalaciones, infraestructuras y personal docente para llevar a cabo el entrenamiento deportivo. Aunque sean entidades de carácter privado debe ser de alto interés para los organismos gubernamentales, quienes a través de las federaciones deportivas deberían mantener un control exhaustivo de todo aquello que se hace en ellos. De ahí la importancia de la calidad de los clubs. Según De Knop *et al.* (1998: 160) no existe el club "ideal", pero si señala unos puntos que mejoran la calidad del deporte juvenil dentro de un club:

1. *Debe haber suficientes directores de deporte juvenil.*
2. *Todos deben ser bienvenidos al club, con independencia del género, la edad, el origen o el talento.*
3. *Debe prestarse suficiente atención a la orientación de los nuevos miembros.*
4. *Además de la formación técnico-deportiva, deben organizarse actividades especiales para jóvenes.*
5. *Los jóvenes deben ser tratados como un grupo aparte, con necesidades distintivas respecto al programa, el entrenamiento, la infraestructura y el equipamiento.*

> 6. El club debe mantener buenas líneas de comunicación con los padres, el consejo deportivo municipal y las escuelas.
>
> 7. La opinión de los jóvenes debe contar en el club y debe haber un comité de deporte juvenil.

A continuación se plantean estos siete puntos orientándolos hacia los clubs de fútbol y describiendo algunos ejemplos que van acorde con la propuesta de De Knop:

1. Debe haber suficientes directores de deporte juvenil

Se puede estar de acuerdo en que deben haber suficientes directores deportivos en número, pero además deben tener vocación, experiencia, y estar titulados. Razón por la que la temporada 2016, la *Real Federación Española de Fútbol* (RFEF) convoca la 21ª edición del *Curso Superior de Formación de Directores Deportivos* (www.rfef.es):

> *"La formación profesional del Director Deportivo debe responder a las demandas, exigencias y desafíos que plantea la nueva cultura del trabajo y el nivel de altísima competición con el que se encontrará en su campo de trabajo. Esta nueva situación requiere que los directivos adquieran un conjunto de competencias personales, profesionales y tecnológicas necesarias para el desempeño de su función.*
>
> *El curso está orientado al desarrollo específico para el que ya es director deportivo, para el que aspira a serlo, o para el profesional del ámbito del fútbol que tiene -o va a tener- responsabilidad sobre un grupo, equipo de trabajo u organización".*

2. Todos deben ser bienvenidos al club, con independencia del género, la edad, el origen o el talento

No todos los clubs cumplen con el parámetro de dar cabida a todas las personas, por diferentes razones:

- No se ofertan equipos de fútbol femenino.
- Empiezan a formar a sus jugadores en edades específicas.
- No se permiten inscripciones a jugadores internacionales menores de 18 años según el *Reglamento Sobre el Estatuto y la Transferencia de los Jugadores* de la *FIFA* desde 2014 en su

artículo *XI. Transferencias Internacionales de Menores de Edad* (www.fifa.com).

- Se valora el talento y el rendimiento deportivo como características para poder ser miembro en los *clubs de alto rendimiento deportivo*.

Mencionar sobre este último parámetro, que los clubs más poderosos basados en la captación y formación de jóvenes talentos, también disponen de una gran estructura interna con secciones y actividades como las escuelas de fútbol, los campus de verano, los clínics, las áreas sociales y las fundaciones, donde dan cabida a jugadores de todos los niveles, género y ámbito.

3. Debe prestarse suficiente atención a la orientación de los nuevos miembros

Trata de guiar y aconsejar a los nuevos miembros de los clubs, bien sea por su procedencia, nacionalidad, o por la adaptación a los cambios. Serán los directores técnicos y entrenadores, sobre todo el segundo, los encargados de facilitar la bienvenida a los nuevos con su trabajo diario, experiencia y buen hacer. El papel del segundo en este apartado es si cabe aún de mayor relevancia, ya que parte de su trabajo es preocuparse por conocer el estado anímico, social y deportivo del nuevo integrante, preguntarle y mantener un *feedback* positivo con el jugador. En los casos de aquellos clubs que tienen residencia propia donde albergan a sus deportistas, el segundo entrenador debe también mantener informada a la familia del progreso de adaptación del joven deportista, ya que los cambios en su vida son bruscos y muchas veces difíciles. Por esta causa tanto la residencia de deportistas como los técnicos del club deben trabajar para dar al joven jugador, sobre todo al recién llegado, equilibrio emocional y sentimiento de pertinencia hacia su nueva "casa". Que sienta un profundo arraigo por el club.

Es conocido el caso años atrás de Andrés Iniesta cuando llegó de jovencito a *La Masia* del FC Barcelona, un entrenador de entonces llamado Albert Benaiges (años después sería el coordinador) le atendió con cariño e interés porque su adaptación estaba siendo difícil, como me comentó él mismo una vez: *"Era un chico muy tímido y echaba mucho de menos a su familia, yo veía que lo estaba pasando mal"*. Albert Puig (2009: 127) también trata este tema con Benaiges en su libro:

> *"Como yo era soltero, cuando iba los fines de semana a ver partidos de fútbol, me acompañaban chicos que vivían en La Masia como Andrés Iniesta, Javi Ruiz o Mario Rosas. Era una manera de hacerles compañía porque normalmente se quedaban solos y echaban de menos la familia".*

El siguiente listado enumera los cambios más significativos que suponen para los nuevos residentes el fichar por un club lejano a su hogar. Lógicamente cada persona se adapta a un ritmo diferente, pero los más difíciles de conllevar suelen estar relacionados con los aspectos culturales:

- Entorno
- Cultura
- Idioma (incluso idiomas)
- Horarios
- Hábitos gastronómicos (dieta, comida, horarios, etc.)
- Hogar (habitación, cama, comedor, etc.)
- Escuela (instalaciones, profesores, estilo de enseñanza, etc.)
- Amigos y amigas
- Compañeros de equipo
- Entrenadores
- Instalaciones deportivas (vestuarios, campos, gimnasios, etc.)

4. Además de la formación técnico-deportiva, deben organizarse actividades especiales para jóvenes

Propone no dar una única y exclusiva formación técnico-deportiva, sino que debe implementarse con actividades especiales y extradeportivas para jóvenes que les involucren con su sociedad, que integre en su cultura a los nuevos y a los venidos de lejos, según De Knop *et al.* (1998: 161):

> *"La provisión de valor añadido significa que, además del entrenamiento deportivo y la participación real, el club también cubre importantes necesidades sociales de sus miembros. Éste valor social extra, este «sentimiento de pertenencia», con frecuencia es una razón importante para seguir siendo miembro de un club deportivo. Cuando los miembros están suficientemente motivados e implicados en las actividades del club, también pueden sentirse motivados para desarrollar importantes valores, tales como iniciativa, responsabilidad y auto sacrificio, que pueden aplicar a*

actividades no deportivas. El club deportivo cumple una importante función educativa, al igual que la familia".

Resulta vital para la integración de los que vienen de otras culturas, sobre todo en aquellos clubs que tienen residencia para sus jóvenes deportistas, los cuales deben adaptarse lo antes y mejor posible a todos los cambios comentados anteriormente. Para mejorar este sentimiento de pertenencia el club puede organizar actividades extradeportivas, culturales y también sociales.

Un ejemplo es *La Masia* del FC Barcelona, donde se realizan para los residentes diferentes actividades sociales y culturales. Destacan el taller para hacer Castells en *Cal Figuerot* de Vilafranca del Penedés y la visita a la *Escolania de la Abadía de Montserrat*, con quienes mantienen hace varios años intercambios de actividades musicales y deportivas con el objetivo de dar a conocer otros ámbitos similares y facilitar la adaptación de los recién llegados. Como argumenta Ruben Bonastre, coordinador pedagógico de *La Masia*: (www.fcbarcelona.es):

"El objetivo es dar a conocer a los residentes azulgranas que no son los únicos que se sacrifican para cumplir su sueño. La Escolanía se presenta como ejemplo y espejo para los deportistas y permite así compartir experiencias. Además, de esta manera facilitan la adaptación de los jóvenes recién llegados descubriendo 'in situ' símbolos de Catalunya, como es Montserrat, y conocer el entorno donde viven".

5. Los jóvenes deben ser tratados como un grupo aparte, con necesidades distintivas respecto al programa, el entrenamiento, la infraestructura y el equipamiento

Este punto influye directamente en la adaptación de todo tipo de recursos humanos y materiales, las propias instalaciones deportivas y los programas según la edad de formación. Buen ejemplo de ello toman las federaciones al programar competiciones de fútbol adaptadas a las diferentes edades de los jóvenes deportistas, tanto es así que podemos poner el claro ejemplo de la *Federació Catalana de Futbol* (y muchas otras de nuestro país). Ésta, en la Asamblea General Extraordinaria del 2 de Abril de 2010, aprobó unas reformas y cambios en las estructuras de las competiciones para la temporada 2010/11 en las que los menores de doce años pasaron de jugar fútbol 11 a fútbol 7.

A continuación se observan los objetivos que se propusieron en pro de los intereses formativos y deportivos de los jóvenes participantes (www.fcf.cat):

A. Adaptar la competición a los niños (fútbol 7 - fútbol 11)

- *Todos los Alevines pasarán a jugar Fútbol 7 la temporada 2010-2011*

B. Reducir la movilidad de los niños en las categorías más altas

- *Hasta Cadete la máxima categoría no será interprovincial*

C. Ajustar el estrés competitivo a la edad de los niños

- *Estructuras de competición menos piramidales en la iniciación*
- *Dar más importancia a aprender a jugar que a competir*

D. Velar por la participación de los niños

- *Todos los niños tendrán que jugar un mínimo de minutos hasta la categoría Infantil*

E. Conseguir una competición más formativa

- *Ajustar el periodo competitivo en el calendario escolar*

Estas modificaciones en el reglamento causó no solo cambios en la estructura de la competición, sino que además se tuvieron que adaptar todos los campos de fútbol de Catalunya para disponer de cuatro o seis porterías de fútbol siete (más pequeñas y bajitas) en los laterales del campo, colocar redes detrás de las mismas, así como marcar las líneas del campo de diferente color (normalmente amarillas o azules). También se varió el tamaño y peso de las pelotas reduciéndolas de la talla cinco a la cuatro, y adoptar nuevos banquillos móviles, o simples banquetas para los suplentes y entrenadores.

Un gran propulsor de estos cambios a favor de los jóvenes futbolistas fue Horst Wein, quien en su conocida obra "Fútbol a la Medida del Niño" (2004) propone una serie de modificaciones en el reglamento que afectan directamente en el material y los equipamientos: pelotas más pequeñas y menos pesadas, porterías más pequeñas, distancias de los terrenos de juego reducidos, etc. Como comenta Wein en la introducción titulada "¿Todavía en la Edad Media?" del libro de López (2001: 17):

"Las competiciones en vez de adaptarse con sus reglas perfectamente al benjamín, alevín, infantil o cadete, les obligan a adaptarse a ellas. La prisa por acercar las jóvenes promesas al juego de los adultos ha resultado con frecuencia en la adquisición de numerosos hábitos incorrectos que limitarán en el futuro, y ya hoy, el rendimiento de muchos profesionales".

6. El club debe mantener buenas líneas de comunicación con los padres, el consejo deportivo municipal y las escuelas

Este punto está íntimamente ligado a lo que se nombra como la *triangulación del joven deportista*. La triangulación no es más que intentar unir todos los lazos posibles entre las diferentes estructuras que intervienen en la vida de un joven jugador: familia, colegio y club de fútbol. Razón fundamental por la que el club debe tomar conciencia de estas dos bases de la pirámide de la triangulación, conocer su entorno familiar y su evolución académica (y educativa) ayudará a entender mejor al jugador. Cuanto mayor conocimiento se tenga sobre la vida del jugador, sobre su entorno, mejor podremos enfocar nuestros esfuerzos a mejorar sus capacidades, no solo como jugador de fútbol, sino como persona.

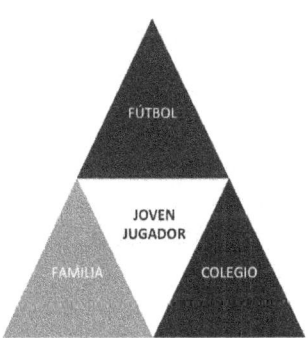

Figura 8. Triangulación del joven jugador.

Cada vez se toma más importancia a enfocar el proceso de enseñanza-aprendizaje en el fútbol hacia el jugador como una persona, en su total globalidad. Un ejemplo claro de este cambio se da en algunos clubs pioneros, en los que ya introducen los estudios, no solo en los hábitos diarios de los jugadores, sino que además destinan recursos humanos e instalaciones como salas de estudio para que los jóvenes jugadores puedan aprovechar el tiempo estudiando. Un artículo en un diario deportivo trata este tema visitando la sala de estudio en la cantera del Rayo Vallecano (www.marca.com):

> *"Las notas son más importantes que el balón:*
>
> *«Desde que tenemos el aula, las notas de los chicos y chicas han subido en un 34%, y ello nos llena de orgullo», asegura Rubén Sáez, pedagogo que está con los chicos todas las tardes: «Cuando ves a un juvenil que no quiere estudiar intentas comerle el coco enseñándole la realidad de la vida. Que vuelva a estudiar y que piense en la Universidad es lo mejor que nos puede pasar»".*

7. La opinión de los jóvenes debe contar en el club y debe haber un comité de deporte juvenil

Éste último punto de calidad se adentra de lleno en la pedagogía y en los estilos de enseñanza de la Educación Física. La necesidad de fomentar la participación del jugador en el proceso de enseñanza-aprendizaje, haciendo de éste modo sentir al jugador que su opinión cuenta, hacer que se muestre más comunicativo con los técnicos, que sus decisiones e ideas aportadas al grupo serán siempre bien recibidas. De este modo se pueden desarrollar diferentes estilos de enseñanza que vayan en esta línea, como el *Descubrimiento Guiado* y la *Enseñanza Recíproca* (Martínez, E. 2003).

Relacionado con ello, el conocido profesor de la Escuela Nacional de Entrenadores de Fútbol, Santiago Coca, ha tratado en sus clases y textos temas relacionados con la pedagogía, y sin duda muestra una línea clara de cómo educar a los jóvenes futbolistas (Coca, 2006: 33):

> *"En las facultades de pedagogía y sociología siempre se ha debatido mucho el cómo orientar: de una forma dictatorial o de una forma permisiva. La forma dictatorial, autoritaria, evita equivocaciones pero no promueve la creatividad porque los alumnos simplemente repiten lo que dice el maestro, no se equivocan pero no progresan. En la forma permisiva se permite más libertad, hay más errores, pero al término de esta educación hay más madurez responsable porque el niño que se ha equivocado y que ha asumido esos errores se hace libremente mucho más maduro. Por supuesto que yo voy en esta última línea de dejar libertad".*

EL FÚTBOL BASE EN ESPAÑA

"En el fútbol base, además de técnico capacitado para enseñar a jugar correctamente al fútbol, tengo que ser un gran pedagogo y un psicólogo muy profundo. Mientras practica el fútbol, el niño va creándose su propio proyecto de vida. Y este proyecto de vida no consiste solo en ser profesional del fútbol a los veinte años, sino en cómo ser persona mañana".

SANTIAGO COCA

Son varios los términos que hacemos servir en lengua castellana a la hora de hablar sobre el fútbol en edades jóvenes, entre otros: fútbol base, la base, la cantera, fútbol juvenil, fútbol infantil y fútbol formativo.

Muchas veces estos términos van asociados a grandes clubs, por ejemplo se suele pronunciar a *La Masia* o el *Fútbol Formativo del FC Barcelona*, así como de la *Fábrica del Real Madrid*, o de la *Cantera de Lezama* para hacer referencia al fútbol base del Athletic Club de Bilbao. Además el término "canterano" se utiliza de forma extendida y es oficial según la Liga de Fútbol Profesional (LFP), quien sigue la normativa de la UEFA definido como: *"Un canterano es aquel jugador que haya pasado tres años o más en un mismo club, en el tiempo comprendido entre los 15 y los 21 años de edad"* (www.laliga.es). De hecho, que la palabra se utilice de este modo tiene su explicación en su propio significado, como cita la Real Academia Española: *"Lugar, institución, etc., de procedencia de individuos especialmente dotados para una determinada actividad"* (www.rae.es).

La LFP en su último informe el 12 de marzo 2015 titulado "Las canteras del fútbol español" (www.laliga.es) destaca el Athletic Club, con diecisiete jugadores; la Real Sociedad con doce; y el FC Barcelona con once, como los tres conjuntos de la Liga BBVA 2014/15 que más jugadores tienen de su cantera en la primera plantilla. Además, confirma la *Fábrica del Real Madrid* como el que más jugadores aporta a la Liga con veintiuno, seguido de *La Masia* con diecisiete y del RCD Espanyol con doce.

Éstos son solo la punta del iceberg de los clubs españoles que forman futbolistas, hoy en día todos poseen canteras con mayor o menor volumen de jóvenes jugadores con el objetivo de llegar a debutar en un primer equipo y de cumplir así su sueño de ser futbolista profesional. El fútbol base en la mayoría de los clubs, sobre todo en los más poderosos, hace tiempo que ha dejado de ser un juego, una forma de ocio. Esta motivación por ser futbolista de profesión provoca que el fútbol base se haya convertido en un engranaje profesionalizado con un mismo fin: captar y formar los nuevos *cracks* del futuro.

No es solo una mentalidad de los clubs, sino que es un ente social que nos rodea por todos los rincones de nuestro país, es común escuchar a los padres durante los partidos de los fines de semana comentarios como *"Éste será el nuevo Messi"* o *"Ganará millones jugando al fútbol"*. A ello se añaden los representantes de jugadores para *cazar* talentos por los campos, charlando de contratos con los padres y tratando de llevar a sus hijos a los mejores clubs para hacerles cumplir sus sueños. Bien en medio de todo esto están los jóvenes jugadores, quienes desde muy temprana edad empiezan a competir presionados por destacar y ganar. No ajenos a todo este movimiento social llamado fútbol, los clubs destinan presupuestos millonarios en instalaciones especializadas y estructuras profesionales para formar a los mejores jugadores.

Al hablar de instalaciones y equipamientos deportivos, destacan las del Real Madrid y del FC Barcelona, ya que además de sus extensas dimensiones (1.200.000 m2 y 136.839 m2 respectivamente), poseen numerosos campos de fútbol de césped artificial y natural, salas de gimnasio, pistas polideportivas, numerosos vestuarios, salas de vídeo, salas de fisioterapia, bares y restaurantes, centro hospitalario propio, y sendas residencias para deportistas (www.realmadrid.com y www.fcbarcelona.es). Son numerosos los clubs que poseen ciudades deportivas de calidad, entre otros: Athletic Club de Bilbao, Villarreal CF, Valencia CF, Rayo Vallecano y Sevilla CF.

En cuanto a la estructura, poseen varias áreas especializadas como el área de captación de talentos, área de rendimiento deportivo, área de preparación física, área médica, área de metodología (tan de moda en estos tiempos), área de porteros, etc. A su vez, encontramos cada vez personas mejor preparadas en cada área para educar, formar y cuidar a los jóvenes: licenciados en ciencias de la actividad física, diplomados en maestría de educación física, diplomados en fisioterapia, licenciados en medicina, licenciados en psicología, titulados en fútbol (nivel I-II-III), coordinadores y directores deportivos titulados, etc.

Esto confirma porque los presupuestos de las canteras son en algunos casos millonarios, por ejemplo en la temporada 2015/16 encontramos que los más elevados están encabezados por el FC Barcelona con unos 25millones de euros, el 4% de su presupuesto total, y el Real Madrid con 16M €, el 2,7% del total. Otros clubs como el Villarreal C.F., 8M €, el 10% del total, y el RCD Español 4,5M €, el 9,2%, éste último en la temporada 2014/15.

Por esta razón los clubs ya no ofrecen solo sesiones de entrenamiento, sino que además destinan estos recursos comentados para cuidar a la persona de una forma cada vez más holística. Mezclar estudios con fútbol era inviable, el joven venía a jugar a fútbol y punto. Ahora esto ya no es así, o no debería serlo sobre todo para las grandes entidades, de las que se espera una profesionalización de todas sus áreas. Ahora los clubs son conscientes de la importancia de conocer la evolución académica de sus jóvenes jugadores, de ayudarles en su formación como jugador pero también como persona. Muchos disponen de psicólogos y educadores que velan por la educación y el adecuado desarrollo social del joven, sobre todo aquellos clubs con residencia para jóvenes deportistas. Antes si el jugador se hacía daño se enviaba directamente al médico del hospital contratado por el seguro de la federación, si necesitaba de un fisioterapeuta los padres solían buscárselas para contratar uno, ahora los clubs gozan de servicios sanitarios, mejores o peores, pero siempre hay algún profesional de la sanidad cerca de las actividades físico-deportivas.

También era difícil encontrar entrenadores titulados y fácilmente podían ser los padres, ahora los entrenadores y coordinadores están obligados por las federaciones a ser formados y con su titulación pertinente al día. Incluso el club debe inscribir en la federación local todas las personas que se sientan en los banquillos los fines de semana, demostrando su titulación al árbitro antes del partido (primero, segundo entrenador, preparador físico, delegado, servicios médicos). Un gran defensor del futbol base español ha sido siempre Laureano Ruiz, mítico entrenador en las categorías inferiores del FC Barcelona los años setenta y ochenta hasta llegar al primer equipo, quien por aquel entonces (de forma visionaria) se quejaba amargamente de como se desarrollaba el fútbol base en España (1986: 266):

> *"Hay que destacar que los equipos grandes, ya que nadie se preocupa por la base del fútbol, están obligados a realizar un trabajo de formación, aunque estos jugadores luego los aprovechen los equipos de la región. Las generaciones actuales no se forman libremente como hace unas décadas. Hoy la formación del futbolista es algo delicado y planificado*

> *que tiene que comenzar en el niño y muy pronto ya que, como dice Tonucci, hay múltiples razones fisiológicas, psicológicas y pedagógicas, que nos dicen que el niño de diez a trece años aprende con mayor facilidad que el de trece a quince. Por ellos no puede saltarse etapas y debe ser bien dirigido desde el comienzo, ya que si aprende bien, este aprendizaje le servirá para siempre.*
>
> *Por eso necesita entrenadores capacitados y no personas de buena voluntad. Si la Federación y el Estado no se preocupan de este fútbol, ¿quién debe hacerlo, sino los grandes clubs?. Aunque sólo sea por propio egoísmo, pues si no lo hacen, ¿de dónde saldrán y cómo se formarán los jugadores que luego ficharán, a golpe de talonario?".*

Johan Cruyff, reconocido amante del fútbol base y que tanto ha aportado a un estilo propio de juego en el FC Barcelona, y en el resto del mundo, da una opinión al respecto de la titulación obligatoria de los entrenadores, como siempre peculiar y original (2002: 38):

> *"Hace unos meses, por ejemplo, en Holanda se decidió que todos los equipos amateurs tuvieran un entrenador titulado. Cuando me preguntaron ¿Qué te parece la medida, Johan?, no pude evitar responder: fatal. ¿Por qué? Pues porque ese entrenador no hace más que aplicar lo que dice el libro del cursillo de turno. ¿Por qué no permitir que, en las categorías inferiores, sean los chicos mayores que tocan la pelota y están enamorados del fútbol los que enseñen? Esos que, además de transmitirles la técnica, les transmitan también el amor y el respeto por el fútbol y sus detalles. ¿Qué hace el entrenador profesional y titulado? Pues lo lógico, intentar ganar como sea para ascender en el escalafón y obsesionarse por el resultado porque tiene que hacer méritos para subir. Y que conste que me parece correcto que, a partir de determinada edad, se deje la dirección de los equipos en manos de entrenadores profesionales. ¡Pero ponlos a partir de catorce años, no antes! Déjalos jugar, puñetas! Que disfruten!".*

QUÉ ES UN ENTRENADOR Y UN SEGUNDO ENTRENADOR DE FÚTBOL BASE

"Ganar es importante, pero no es lo más importante".

LAUREANO RUIZ

EL ENTRENADOR DE FÚTBOL BASE

Ya hace años que para muchos autores está bien arraigada la idea que los entrenadores de fútbol base no deben focalizar sus esfuerzos únicamente a aspectos basados en el entrenamiento y rendimiento del fútbol, sino que deben poner sobre la mesa unos valores y una educación que sirva a los jóvenes deportistas para su condición como persona, para su vida en general.

Para Koch y sus colaboradores (1996: 18) el entrenador en fútbol base no se dedica solamente a los resultados: *"Nosotros no educamos a los jóvenes deportistas sólo para su debut en el campo de fútbol, sino también para la vida en general"*. Además dan mucha importancia a unos valores que han de determinar el ambiente del grupo de entrenamiento, y son la lealtad, la sinceridad, la honradez, la participación, la disposición de ayuda, la humildad, la amabilidad, la puntualidad, la constancia, la diligencia, la autonomía y la confianza en uno mismo.

Pacheco destaca que formar a jóvenes futbolistas es una actividad pedagógica muy atractiva pero exigente que no solo debe centrarse en las habilidades puramente deportivas (2004: 41):

> *"La formación deportiva es un proceso globalizante que no sólo busca el desarrollo de las capacidades específicas (físicas, tácticas-técnicas y psicológicas) del fútbol, sino también la creación de hábitos deportivos, la mejoría de la salud y la adquisición de un conjunto de valores, como la responsabilidad, la solidaridad y la cooperación, que contribuyen a la formación integral de los jóvenes".*

Nombra a los entrenadores de fútbol base como *educadores/entrenadores*, y plantea que su objetivo principal es contribuir a la formación de los jóvenes incentivando siempre el deseo y el gusto por la victoria. Además aporta una lista con los objetivos específicos que deben marcarse (Pacheco, 2004: 45-46):

- *Conocer bien a los jóvenes que entrena, así como las características de sus diferentes fases de desarrollo.*

- *Contribuir al desarrollo de las capacidades específicas (físicas, tácticas-técnicas y psicológicas) del fútbol, de acuerdo con las capacidades y las necesidades de los jóvenes.*

- *Contribuir a una formación general e integral del ciudadano común.*

- *Promover el gusto y el hábito por la práctica deportiva, proporcionando placer y alegría a los jóvenes jugadores a través de las actividades que se desarrollan.*

- *Dirigir las expectativas de los jóvenes y de sus familiares de una forma realista.*

- *Dirigir sus acciones, dándoles un valor fundamentalmente al esfuerzo y al progreso en el aprendizaje y colocando en primer lugar los intereses de los atletas y solo después las victorias del equipo.*

Huelga decir que los entrenadores deberán actuar siempre como un ejemplo en todo momento delante de los jugadores, si se pretende aportar valores y preparar a los jóvenes para la vida del futuro, no bastará solo con proponerlo a los demás, hay que dar ejemplo con uno mismo. Tanto el primero como el segundo deben mantener un comportamiento ejemplar con los demás en todo momento. Si es cierto que las tensiones de la competición pueden alterar el comportamiento sobre todo del primer por la responsabilidad directa de los resultados inmediatos. Por eso el segundo ha de ser siempre quien mantenga la calma y ayude también al primero en esa faceta de dar ejemplo. Y es que la influencia que tienen los técnicos sobre los jóvenes es tan fuerte, que la responsabilidad por nuestra parte es muy grande. Según Pacheco (2004: 44):

> *"El entrenador es una de las más potentes referencias para la identificación de un joven. Simboliza la fuerza, la capacidad competitiva y la independencia que los jóvenes buscan conseguir desesperadamente".*

En este sentido, Bucher y Bruggman (2005) añaden que los entrenadores no substituyen a los padres, pero a ojos de los niños, lo pueden ver como un padre. Y es que la forma de como éstos tratan a sus jugadores, como les habla y los valores que resalta, sirven de ejemplo para los niños en las relaciones con sus compañeros. Además, esperan de sus entrenadores que sepan jugar bien al fútbol, que los entiendan y que lo demuestren constantemente con entusiasmo, afecto, cariño y confianza sin preferencias. Lo que esperan los niños de él es que tenga en consideración a todos por igual, mostrando una atención personalizada e individualizada, evitando de esta manera juicios generalizados.

En la página web de la FIFA dedicada al fútbol base, Programa Grassroots (grassroots.fifa.com), se puede descargar un documento *pdf* traducido al castellano muy detallado describiendo como debe desarrollarse según la FIFA el fútbol base. En él encontramos múltiple información como ejercicios y sesiones de entrenamientos; estructuras, planificaciones y programaciones. Además plantea una serie de objetivos del educador de fútbol:

- *Disfrutar trabajando con niños*
- *Tener un perfecto conocimiento de los niños*
- *Ser un punto de referencia para ellos*
- *Ser exigente y tolerante a la vez*
- *Saber escuchar*
- *Comunicar continuamente*
- *Darles confianza y seguridad*
- *Desarrollar el espíritu de equipo*
- *Fomentar las iniciativas individuales y la asunción de riesgos*
- *Destacar el "espíritu del juego" por encima de los errores*
- *Practicar una pedagogía del apoyo*

También veo oportuno comentar el curioso apartado de *"Lo que debe evitar hacer"* un educador de fútbol, aspectos que más de un entrenador de fútbol base se echará las manos a la cabeza cuando haga un ejercicio de introyección personal tras leer los siguientes once puntos:

- *Gritar constantemente o ser agresivo*
- *Querer formarles o pedirles jugar como si se tratara de adultos*
- *Olvidar la motivación principal de los niños, que es jugar al fútbol*
- *Dar explicaciones demasiado largas*
- *Proponer objetivos técnicos ambiciosos para su edad*
- *Organizar ejercicios repetitivos*
- *Prolongar demasiado rato un mismo ejercicio*
- *Interrumpir el juego constantemente*
- *Criticar a un participante ante el resto del grupo*
- *Olvidarse de equilibrar los equipos*
- *Darle demasiada importancia al resultado*

De esta manera, el documento de la FIFA configura un perfil ideal de entrenador-educador de fútbol base describiéndolo como una persona cercana y atenta al joven jugador, el cual utiliza actividades para instruir y formar a los niños, que insiste en el lado lúdico y organiza a menudo pequeños partidos. Aborda todos los ámbitos del entrenamiento, asume todos los deberes pedagógicos, ofrece una enseñanza adaptada al nivel de los participantes y los escucha. También ayuda a los más jóvenes a madurar, a convertirse en hombres/mujeres, es responsable de la seguridad y de los primeros auxilios, los orienta y les sirve de modelo, de ejemplo; y a su vez está en contacto con la familia o la escuela.

EL SEGUNDO ENTRENADOR DE FÚTBOL BASE

El segundo de un equipo de fútbol base, quien debe tener las mismas características pedagógicas recién pronunciadas sobre el primer entrenador anteriormente, pienso que debe además centrarse de una manera más individualizada sobre el jugador. Su objetivo debe ser no solo apoyar en lo futbolístico al míster, sino que ha de enfocar gran parte de su trabajo en conocer y ayudar a los jugadores de su equipo.

De esta manera y como se aprecia en la Fig. 9, su labor es bidireccional. Ha de centrarse en atender dos dimensiones dentro de una misma realidad: apoyo al entrenador para el *rendimiento deportivo del equipo* y prestación de un *seguimiento individualizado del joven jugador*.

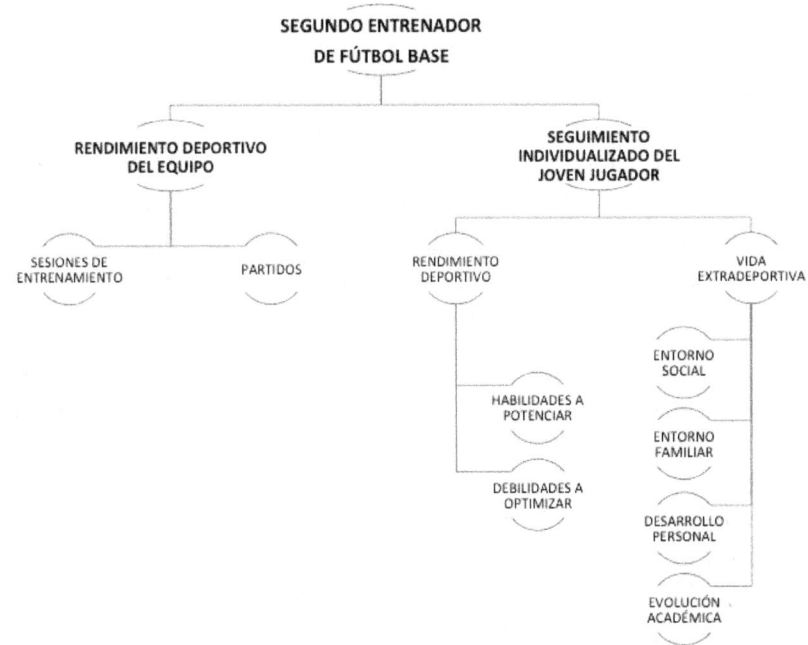

Figura 9. Dimensiones que ha de atender el segundo entrenador de fútbol base.

Rendimiento deportivo del equipo

Esta primera dimensión liga estrechamente el segundo entrenador a su primero, ya que el técnico principal debe guiarle en su trabajo para mejorar el rendimiento global del equipo. Como se viene comentando, la responsabilidad del proceso de enseñanza-aprendizaje del fútbol y de los resultados del equipo siempre recaen sobre el primer entrenador, es por ello que debe saber manejar a su segundo en las labores que le encomiende. Cabe recordar que cada entrenador crea el perfil de su segundo, le da unas funciones y responsabilidades específicas con la máxima confianza, y éstas van dirigidas a ayudarle a encontrar el óptimo rendimiento de sus jugadores. Trabaja en lo puramente futbolístico dentro de dos contextos distintos: las sesiones de entrenamiento y los partidos. Todo lo que tenga que ver con táctica, estrategia de partido,

ABP, convocatorias y alineaciones, tareas de entrenamiento, planificación de los contenidos, etc.

<u>Seguimiento individualizado del joven jugador</u>

La segunda dimensión es una tarea más desprendida de su entrenador y que le liga más a los jugadores del equipo. El objetivo de ésta es conocerlos en profundidad, no solo a nivel deportivo, sino que debe indagar en sus aspectos personales. A nivel deportivo ha de trabajar para potenciar sus habilidades; así como optimizar sus debilidades. En lo extradeportivo, ha de analizar sus antecedentes deportivos y familiares, saber como es su evolución académica, estar en permanente contacto con ambas partes de la pirámide de la triangulación: familia y colegio. Para ello, el segundo realiza un trabajo extra que está fuera del terreno de juego y que solo busca un objetivo: ayudar al jugador en su evolución como persona y como futbolista.

Sin duda que la información que se obtenga a través de este profundo análisis, la podrá compartir con su entrenador en beneficio del rendimiento del equipo. Saber qué tipo de información aportar, en qué condiciones y momento, será una de las tareas más complejas del segundo. Sus conocimientos y relación con el entrenador, la experiencia, la sabiduría y el sentido común; serán clave para que el manejo de la información obtenida sea lo más eficiente para todas las partes interesadas. Siempre habrá debate entorno a este último punto sobre el manejo de la información. ¿Qué intereses anteponemos primero? ¿Las del jugador por su bien personal o las del grupo como equipo? Dependerá de cada situación y momento. Es lo bonito del fútbol.

A continuación se describen detalladamente las dos dimensiones que el segundo entrenador, según mi manera de ver el fútbol base, ha de atender en el ejercicio de su profesión. La primera dimensión se basa en mejorar el rendimiento deportivo del equipo, lo que la gran mayoría de segundos destinan sus esfuerzos dejando de lado lo que es para mi la más importante, la segunda dimensión. Ésta se centra en la formación y educación del joven deportista de una forma individual e integradora.

Desde las páginas del libro animo a los segundos entrenadores que se vean reflejados en la primera dimensión a que descubran en la segunda todo lo que se están perdiendo. Todo lo que sus jóvenes deportistas se están perdiendo de sus técnicos.

RENDIMIENTO DEPORTIVO DEL EQUIPO

"Si estás en el área de penalti y no sabes que hacer con el balón, métselo en la portería y luego debatiremos las opciones".

BILL SHANKLY

El segundo entrenador de fútbol base es un apoyo fundamental para el técnico. Lo es por muchos motivos, el más común es que le ayuda en el rendimiento deportivo del equipo mediante su trabajo y colaboración directa con él. El segundo puede realizar los calentamientos de sesiones y partidos, puede desarrollar todas las ABP del equipo, puede entrenar un grupo de jugadores mientras el entrenador está con otro grupo, puede trabajar en llevar un control exhaustivo de los minutajes y diferentes estadísticas que ayudan al control del equipo, y así un gran etcétera.

Las funciones de un segundo en etapas de formación pueden ser impuestas por el club, por el míster o consensuadas entre ambos. Pero siempre ha de haber un acuerdo formal entre ellos a la hora de repartirse el trabajo, la responsabilidad final del proceso es siempre para el técnico principal, mientras que el segundo es su apoyo. Es por ello que sus funciones deben quedar bien claras antes de empezar, o en su defecto, ir puliéndolas a medida que avanza la pretemporada. Por lo tanto, las tareas de un segundo vienen diferenciadas según estemos en una sesión de entrenamiento o en un partido de competición.

SESIONES DE ENTRENAMIENTO

Tantas cosas pueden realizar un segundo entrenador en un entrenamiento como un primero. De hecho, cuando el técnico principal no puede asistir a una sesión por cualquier motivo, es el segundo quien se hace cargo de dirigir la sesión. Como ya se ha argumentado, es el míster quien guía el trabajo de su ayudante. Ha de proponerle una serie de funciones y roles que seguirá para mejorar el rendimiento del equipo. Muchas de esas tareas que le encomiende serán en parte, dependiendo del perfil de segundo que disponga. Si es por fortuna un asalariado del club, podrá dedicarse plenamente a las labores del oficio, vendrá a cada sesión y cada partido siendo una parte muy activa del proceso. Pero si por desgracia es un amigo que viene a ayudar al técnico sin sueldo ni grandes responsabilidades hacia el equipo, los hay que "donarán" su tiempo altruistamente, pero los hay que no.

El entrenador debe saber manejar las responsabilidades y los roles de segundo en función de sus motivaciones, condiciones y experiencia. Puede delegarle multitud de tareas dentro de una sesión de entrenamiento, entre ellas:

- Calentamiento o parte inicial de la sesión (si no se dispone de un preparador físico)
- Dirigir el desarrollo de cualquier tarea de un grupo cuando el equipo se divide en dos
- Estar encima de las consignas específicas que el técnico le ha propuesto durante una tarea y aportar *feedbacks* constantemente a los jugadores
- Hablar de forma individual con los jugadores en momentos de la sesión que sean favorables para conocer diferentes aspectos de ellos mismos, de otros compañeros o del equipo en general
- Observar el proceso desde un punto de vista más pausado y calmado, viendo el desarrollo de las tareas con la mayor objetividad posible
- De lo contrario, puede desarrollar él mismo cualquiera de las tareas que su entrenador le encomiende mientras éste observa atentamente a su equipo entrenando
- Dirigir y ayudar con el material a los jugadores
- Ayudar con la organización general de las sesiones montando las tareas sobre el terreno de juego
- Realizar los grupos o equipos de las tareas repartiendo los petos
- Apuntar en la hoja de entrenamiento los resultados de cualquiera de las tareas competitivas, llevando un control así de las diferentes competiciones que se den en la sesión
- Apuntar en la hoja de entrenamiento cualquier cosa que vea y que quiera comentar al final de la sesión a su entrenador

- Preparar y dirigir las ABP ofensivas y defensivas del equipo, haciéndose así responsable de este tipo de acciones que se darán después en la competición

- Preparar y dirigir aquellas tareas con un aspecto más condicional (si no se dispone de un preparador físico)

- Cuando se trabaje la estrategia de partido en una situación de once contra once, hace de entrenador del equipo rival, proponiendo la misma manera de jugar que nos hará el adversario en la competición y que conocemos

- Realizar la vuelta a la calma (si no se dispone de un preparador físico)

También el segundo puede ayudar en el control del equipo mediante un trabajo extra, fuera de los terrenos de juego, y con la ayuda de la tecnología. Cierto es, que se pueden disponer de programas informáticos complejos y con un coste elevado, pero con una simple hoja de cálculo de *Microsoft Excel®* se pueden hacer maravillas. Con ella podemos llevar un control de:

- Datos personales de los jugadores
- Calendario de la temporada
- Planificación y periodización de todo tipo de contenidos y objetivos
- Memorias de las sesiones de entrenamiento
- Control de la carga de entrenamiento
- Asistencia a los entrenamientos
- Estadísticas de las diferentes competiciones durante la sesión (partidos cortos, tareas de remate, tareas de posesión de balón, etc.)

PARTIDOS

En el transcurso de los partidos, antes y también después, el segundo entrenador es una pieza clave para el rendimiento del equipo. Éste puede intervenir de forma indirecta mientras transcurre el juego charlando con su míster en el banquillo sobre aquellas cosas que ve que se pueden mejorar, o de forma directa dando instrucciones a los jugadores en el terreno de juego.

Con su entrenador puede realizar multitud de cosas relacionadas con la competición. Sus tareas pueden estar preestablecidos por ambos, o bien surgen de forma espontánea. Por ejemplo, algunos de los aspectos a trabajar por el segundo en la competición son:

- Estar atento a la puntualidad de los jugadores sobre la hora de convocatoria
- Si se juega a domicilio: organizar el viaje, llevar un control de los que van en autobús y los que van directos al campo
- Encargarse de las fichas de los jugadores con el árbitro (si no se dispone de delegado)
- Realizar el calentamiento de partido (si no se dispone de un preparador físico)
- Observar y analizar el juego del rival (táctica, estrategia de partido, balón parado, puntos fuertes, puntos débiles, jugadores destacados, etc.)
- Focalizar la atención en el propio equipo a nivel defensivo
- Focalizar la atención en el propio equipo de los jugadores alejados al balón
- Recoger estadísticas del rendimiento de partido en directo (tarjetas, goles, cambios, pelotas recuperadas, pelotas perdidas, etc.)
- Dirigir la organización del equipo en las ABP ofensivas y defensivas, así como hablar con los jugadores en las substituciones sobre sus posiciones y responsabilidades de este tipo de acciones
- Realizar las substituciones de jugadores (si no se dispone de delegado)
- Atender al árbitro a finalizar el partido y recoger el acta (si no se dispone de delegado)
- Análisis post partido con el entrenador

- Hablar o animar a aquellos jugadores que han jugado menos minutos y con los que no han hecho un buen partido, estar cerca de los jugadores ante las derrotas, etc. (siempre consensuado con el primer entrenador)

Al igual que en las sesiones de entrenamiento, el segundo puede ayudar en el control de la competición mediante un trabajo informático con una nueva hoja de cálculo de *Microsoft Excel®*. Entre muchas otras cuestiones, puede llevar el control de:

- Convocatorias y minutajes de los jugadores
- Control de la carga de competición
- Control de las tarjetas
- Goleadores
- Estadísticas de cómo son los goles marcados y encajados
- Estadística de las pérdidas y recuperaciones de pelotas
- Estadísticas de las ABP y de los goles a balón parado

El segundo de fútbol base también debe estar dispuesto a realizar lo que su entrenador le pida fuera del horario propio del equipo. Si una de esas tareas es ir a ver partidos de los rivales para conocerlos mejor, y realizar si fuera necesario un informe, el segundo deberá saber realizarlo. Lo mismo ocurre con el scouting de jugadores para poder ampliar y mejorar la plantilla.

Antes de cerrar este capítulo sobre la primera dimensión me permito el lujo de reiterar que la mayoría de segundos entrenadores trabajan simplemente dedicados única y exclusivamente al rendimiento del equipo. Sin pararse a pensar en la formación del jugador, sin analizarlo profundamente para hacerlo mejor cada día. El único foco de atención es el equipo en conjunto, y no los jugadores de forma individual. Esto pasa sobre todo en clubs sin presupuesto para poder costearse segundos entrenadores, que son la mayoría si quitamos los clubs de primera y algunos de segunda división. El segundo que no está mentalizado, orientado y motivado desde unas directrices muy claras por parte del club, no suele dirigir su trabajo de una forma individual al jugador, tan solo apoya en lo que su técnico le indica para el rendimiento directo del equipo. Su mayor preocupación es el ganar. El ahora por encima del futuro, el rendimiento inmediato antes que la formación a largo plazo.

Ésta es la realidad del fútbol base en España, y lo sé por propia experiencia. Y es que hay desgraciadamente muchos clubs que no pueden o no hacen el esfuerzo de costearse un sueldo a un segundo entrenador.

Los clubs modestos, que a duras penas prometen cumplir con el sueldo de sus técnicos principales, no suelen aportar ninguna compensación económica a los segundos. La contabilidad de un club de fútbol base que debería dedicar todos sus beneficios a sus propios jugadores de la base y no a su equipo amateur, debería ser siempre en positivo. Si se quisiera por voluntad, se podría pagar un sueldo como menos significativo a los segundos que cumplen trabajando para los equipos de la base del club.

Debido a esta deficiencia siempre importante, muchos técnicos no disponen de un segundo entrenador que pueda estar al cien por cien por el equipo y por los chicos, esto explicaría porque suele ser un amigo de confianza quien viene a echar una mano. Éste, como puede entenderse lógico, no suele asistir a todos los entrenamientos pero sí normalmente a los partidos de liga y algunos torneos. Suele ayudar con las fichas, el árbitro, con el material, con algunas indicaciones desde la banda y con consejos al oído del míster.

Otro tipo de segundo entrenador es aquel jugador del club (juvenil, filial o primer equipo) que quiere empezar a aprender o está de prácticas estudiando el curso de entrenador. Éste hace de soporte al técnico, básicamente cuando puede, es un perfil motivado, joven, aún en activo, muy cercano al jugador por su edad, y que incluso suele participar como jugador en los entrenamientos realizando los ejemplos de las tareas para el resto del equipo. Ciertamente, y siempre según las indicaciones del técnico principal, no suele tener muchas funciones ya que está en fase de aprendizaje inicial, pero su sola presencia en las sesiones y en el banquillo durante los partidos, es una buena ayuda para todos.

Esta realidad es significativa, ya que dice mucho de la importancia real de la presencia de un segundo. Todo aquel que ha entrenado un equipo de fútbol base, siempre ha acabado necesitando de ayuda. Venga más o menos, esté mejor o peor preparado; pero siempre hay alguien que acompaña a un entrenador, sea cual sea el nivel del club y del equipo, el primero, según mi punto de vista, debe guiar a su segundo más allá de los resultados dejando a un lado el rendimiento inmediato antes que la formación a largo plazo.

Este contexto se puede entender natural sin unas directrices marcadas por la coordinación de su club y sin un sueldo mínimo. De este modo resulta difícil trabajar en la dirección que propongo mediante la presente obra, tan solo el primer entrenador deberá, por su propia voluntad y fe, en no dar únicamente tareas de rendimiento a su segundo, sino iniciarle y orientarle hacia el seguimiento individual del joven jugador.

SEGUIMIENTO INDIVIDUALIZADO DEL JOVEN JUGADOR

> "Me hubiese gustado hacer INEF o alguna cosa parecida. Es un error no tener más salidas cuando deje el fútbol".
>
> XAVI HERNÁNDEZ

La figura del segundo entrenador de fútbol base ha de ser una persona que debe estar siempre dispuesta a ayudar en todos los aspectos al jugador, en la globalidad de la persona, no solo en lo futbolístico. Por una parte debe trabajar junto al primer entrenador para conseguir el óptimo *rendimiento deportivo del jugador* y por otra ha de conocer en profundidad su *vida extradeportiva*. Tratar al joven jugador de fútbol como persona que es y que viene a participar en un deporte de equipo, en el que deberá aprender unos valores deportivos y sociales que le ayudarán en el desarrollo de su vida personal.

Trabajar para un club como el FC Barcelona tiene innumerables ventajas, pero para mi una de las mayores es tener la fortuna de conocer a grandes personas y profesionales que forman parte de su estructura. No podría escribir este capítulo sin nombrar a dos de ellas ya que han sido influencias directas sobre mi forma de entender hoy en día el entrenamiento y el trato con el joven jugador. Ellos son Josep Segura y Sergio Vallecillo. Segura, actual coordinador del filial y de los equipos juveniles del FC Barcelona, porque ha hecho cambiar mi forma de ver el entrenamiento y el rendimiento del joven futbolista, basándose en el proceso de enseñanza y aprendizaje de cada jugador de una forma individual y específica; y Vallecillo, desde que fue mi segundo con los infantiles azulgranas, porque me enseñó a como ayudar a cada jugador en lo extradeportivo, a preocuparse por ellos más allá de lo que hacen desde que se visten de jugadores. No es casualidad que hoy por hoy sea el Coordinador de *La Masia* blaugrana.

RENDIMIENTO DEPORTIVO

Primero de todo cabe diferenciar el rendimiento deportivo del equipo como conjunto, del rendimiento deportivo del jugador como deportista. Este capítulo va a trabajar sobre el jugador de forma individual aunque se trate de un deporte de equipo como es el fútbol.

Ésta es la línea de trabajo y la propuesta de Josep Segura en el Barça "B" y los juveniles azulgranas. Segura apuesta fuerte por un entrenamiento lo más individualizado posible del joven jugador para atender a sus necesidades específicas. Parte de una idea base: para que un jugador mejore sus prestaciones y su rendimiento hay que trabajar con la voluntad de mejorar el jugador, priorizándolo antes que los resultados del equipo. De hecho, esta propuesta es una novedad dentro de un deporte tan colectivo como es el fútbol.

Siempre se ha dicho que el equipo es lo más importante, que el rendimiento del conjunto depende de la unión de todos sus miembros, y parece difícil dudar de ello. Se suele relacionar un equipo ganador a una familia, a la unión del grupo, a la buena relación y convivencia de los jugadores, cuando todos van a una y en la búsqueda de un objetivo común. Seguro que os suena eso de que un jugador puede ganar un partido, pero un campeonato lo gana el equipo.

Esto no quiere decir que se puede adaptar dentro de esta idea de juego colectivo un punto de vista de un entrenamiento individualizado en etapas de formación. No quiere decir que la prioridad del trabajo de los técnicos sea la formación de cada uno de sus jugadores de forma específica en cada caso. Si el gran objetivo de un entrenador de fútbol en etapas de formación es, como dice la misma palabra, formar; ¿por qué los técnicos de la base dedican la mayor parte de sus esfuerzos en únicamente a que el equipo gane los partidos?

Sin duda que a ojos de la gran mayoría un buen entrenador de fútbol base es aquel que hace ganar a su equipo, pero otra línea de pensamiento bien diferente es aquel entrenador que se esfuerza en formar a cada uno de sus jugadores, a enseñarles y corregirles aquellas cosas que no hacen bien como futbolistas y a potenciarles lo que sí realizan correctamente. En pocas palabras, si un técnico de fútbol base y su segundo no realizan un seguimiento individualizado de sus jugadores, si no trabajan día a día por intentar mejorar a sus jugadores por encima de los resultados del equipo, no son los entrenadores de fútbol base que aquí intento describir.

El seguimiento individualizado se centra básicamente en lo que destaca y en lo que no hace bien como jugador de fútbol. Como método de seguimiento individualizado ha de distinguirse entre:

- Habilidades a potenciar
- Debilidades a optimizar

Se diferencian en los jugadores aquellas cosas que saben hacer bien de las que deben optimizar. Primero para que las conozcan y sean conscientes de ello, y después para que sean capaces de ponerlo en práctica en las sesiones de entrenamiento y partidos de competición.

Habilidades a potenciar

Las habilidades son aquellos rasgos propios y característicos del jugador, lo que hace bien, lo que destaca dentro del terreno de juego. Principal causa para seguir entrenándolo para que continúen siendo sus puntos fuertes.

Todo jugador, como cualquier deportista y persona en general, sea cual sea su edad, procedencia y condición; tiene unas habilidades propias que desarrolla con mayor eficiencia por encima de otras. Hay deportistas que son de por si más rápidos que otros, como los hay más altos, más ágiles o más fuertes. Además los hay que muestran una inteligencia en los terrenos de juego superior al resto, otros se adaptan a las situaciones nuevas con mayor facilidad, hay quienes leen antes que nadie e incluso predicen lo que va a ocurrir por un marcado sentido de la intuición, entre otros. Cuando una persona destaca por encima del resto en una habilidad, se dice que tiene un talento.

El talento es, según la RAE (Real Academia de la lengua Española), *"una persona inteligente o apta para determinada ocupación"*. En fútbol, cuando se apunta que un jugador es talentoso o que posee un talento, hace referencia a aquel tipo de jugador que destaca del resto a ojos del aficionado muchas veces, pero otras no. Un tema siempre abierto a conversación es, si el talento se nace o se hace.

Debilidades a optimizar

Las debilidades son todo aquel conjunto de carencias que tiene como jugador, lo que deberá mejorar de forma consciente a lo largo de las sesiones de entrenamiento, en los partidos y mediante sesiones de vídeo y análisis individualizado. Cada deportista tiene sus carencias, sus puntos débiles o insuficiencias, que como entrenador también ha de detectar y trabajar de forma individual con el jugador para que las conozca y con el paso del tiempo, poco a poco, las vaya puliendo. Si es cierto que nunca se puede mejorar todo aquello que uno se propone del joven jugador, y si se suma lo que no se llega a detectar, o bien por falta de criterio o por falta de experiencia como técnico, muchos jugadores progresan más lentamente de lo que gustaría. Todos conocemos jugadores que siguen cometiendo los mismos errores desde alevines hasta juveniles, y que llegan a ser incluso profesionales con las mismas carencias. La pregunta es la siguiente: ¿Se debe a la inexistencia de trabajo individualizado sobre el jugador?, ¿Por falta de conocimientos por parte de los entrenadores?, o ¿Simplemente el jugador es incapaz de optimizar esas debilidades?

Desde el punto de vista del libro, se apuesta fuertemente por el trabajo individualizado sobre todo del segundo entrenador sobre el jugador. El jugador entiende que se le está prestando una atención focalizada exclusivamente para él, que los técnicos están mostrando interés para que él mejore. Está siendo consciente que se le quiere ayudar, que se está muy encima; y eso sin duda crea unos lazos de dependencia con el club. Lo que se denomina como sentido de pertenencia hacia el club. El jugador debe llegar a un acuerdo de implicación por su parte, y no solo por su bien, sino también por el del equipo, del entrenador y del club. Debe intentar mejorar en lo que se ha propuesto. Esto es un reto personal. Otro más, éste dirigido sobre todo a él mismo, pero también hacia sus técnicos y equipo.

Sin duda que la teoría del *Entrenamiento Estructurado* que propone Paco Seirul.lo le puede ayudar a analizar, categorizar y trabajar las diferentes habilidades y debilidades de los jugadores gracias a su enfoque de las estructuras disipativas de los seres humanos. Como describen Reverter *et al.* (2015: 19) analizando los fundamentos de Seirul.lo sobre la educación motriz:

> *"Podemos interpretar a la persona del deportista como una estructura hipercompleja configurada por interacciones y retroacciones entre las estructuras: condicional, coordinativa, cognitiva, socio-afectiva, emotivo-volitiva, creativo-expresiva, mental, bio-energética. Hay que considerar a cada estructura como la manifestación de procesos subyacentes. Es decir, que los procesos, toda una red de relaciones dinámicas entre sistemas, se manifiestan a través de las que llamamos estructuras".*

A través de estas estructuras disipativas se puede realizar un seguimiento exhaustivo de los jóvenes jugadores, intentado potenciar aquellos talentos que ya posee, y optimizar las debilidades. El primer paso es confeccionar una plantilla de seguimiento que nos ayude a detectar y analizar aquello que hace bien y lo que no hace tan bien y describirlo dentro de las diferentes estructuras.

Por ejemplo, se puede realizar una plantilla *Microsoft Excel*® (Fig. 10) en la que se refleje por estructuras las habilidades a potenciar y las debilidades a optimizar. Una vez analizado y descrito en la plantilla de seguimiento, hay que hacer al jugador conocedor de sus características, que sea consciente de lo que se ha evaluado como lo que hace bien y lo que no hace tan bien. Él debe formar parte activamente de este proceso de enseñanza-aprendizaje deportivo. No solo debe conocer lo que se trabaja por él, hay que hacerle partícipe. ¿Cómo hacerlo? Sin duda hay varias maneras. Una de ellas es la autoevaluación del jugador. En la misma plantilla se puede añadir los días de entreno y partido, y que cada día el jugador se autoevalúe aquellos aspectos que se trabajan con él de forma específica.

EQUIPO NOMBRE DEL JUGADOR POSICIÓN LATERALIDAD	Cadete "A" J.V.A. Extremo izquierdo Zurdo	
ESTRUCTURAS	**HABILIDADES A POTENCIAR**	**DEBILIDADES A OPTIMIZAR**
ESTR. CONDICIONAL	Velocidad en carrera	
ESTR. COORDINATIVA	Regate en carrera Finalización a portería	Control con pierna alejada no hábil
ESTR. COGNITIVA		Posicionamiento en el campo
ESTR. SOCIO-AFECTIVA	Comunicativo en el terreno de juego	
ESTR. EMOTIVO-VOLITIVA	Motivado por mejorar como futbolista	
ESTR. CREATIVO-EXPRESIVA		Mal carácter al cambiarlo en el partido
ESTR. MENTAL	Ambicioso y ganador	
ESTR. BIO-ENERGÉTICA		

Figura 10. Plantilla Excel para el seguimiento individualizado del rendimiento deportivo del jugador.

Para trabajar sobre sus habilidades y debilidades, es lógico que no llega solo con que el jugador las conozca, hay que proponer una serie de tareas dentro del entrenamiento Y fuera de él, que le ayuden a potenciarlas o optimizarlas. Marcarle pequeños retos personales dentro de alguna de las tareas grupales de entrenamiento, por ejemplo: si el jugador J.V.A. suele utilizar la planta del pie para pisar y parar la pelota con frecuencia, en vez de orientar el juego controlando la pelota con el interior de la pierna alejada, podemos proponerle que cuente durante el primer ejercicio del entrenamiento cuantas veces ha controlado correctamente, y que cuando cambiemos de ejercicio venga y se lo diga al segundo entrenador. Éste se lo apuntará en su hoja de entrenamiento y podrá así llevar un control durante la semana, o lo que se haya establecido. Otra manera de trabajarlo de una forma más agresiva y ya de cara a la última parte de esta periodización planteada, sería comentarle al jugador que cada vez que durante la parte final de la sesión, por ejemplo en los partidos, controle con la planta parando la pelota de forma innecesaria, se pitará como una falta y el equipo rival reiniciará el juego.

Otra de las vías para trabajar con el jugador se puede llevar a cabo desde fuera del terreno de juego. La tecnología de hoy en día ayuda mucho a los jugadores, y es que el vídeo es una herramienta de análisis fácil de utilizar y no precisa de un coste económico más allá de una cámara de vídeo y un trípode. Además existen muchos programas gratuitos de corte y edición de imágenes que facilita y agiliza el trabajo, haciendo uso de imágenes de vídeo no solo de los partidos, sino también de los entrenamientos. Sin duda que para un jugador, verse personalmente en la pantalla delante de sus técnicos es un momento que no le será indiferente.

VIDA EXTRADEPORTIVA

El seguimiento individualizado del jugador también analiza e interviene sobre la persona, esto explica porque se debe separar lo que hace como futbolista dentro del ámbito deportivo de lo que vive fuera de ese ámbito. Eso es lo que hacía Sergio Vallecillo con los jugadores infantiles blaugranas como segundo entrenador, los convocaba para reunirse con ellos uno a uno y conocer así su evolución académica, indagar en sus estados de ánimo y apoyarles en todo lo que hiciera falta. Me doy cuenta del verdadero valor del trabajo que hizo cada vez que veo esos mismos jugadores regalarles un abrazo y una sonrisa al reencontrarse con Vallecillo años después. No creo que haya mejor gesto por parte de un jugador que has entrenado.

El segundo ha de trabajar en conocer a la persona lo más profundamente posible, cuanto más información obtengamos, más podremos ayudarle. No sirve solo saber como es en el terreno de juego, lo que hace dentro de las sesiones de entrenamiento, como se relaciona con sus compañeros o como compite contra los rivales. Hay que indagar en su vida personal, conocer su entorno social y familiar, así como descubrir aquellos aspectos más destacados de su pasado y saber cuáles son sus motivaciones o aspiraciones en su futuro próximo. En esta misma dirección, Albert Benaiges, ex coordinador del fútbol base del FC Barcelona tiene muy claro que la educación y la formación extradeportiva del jugador es uno de los pilares del éxito formativo en la base (Puig, 2009: 126):

"El fútbol es un deporte colectivo y los formadores hemos de incidir mucho en el aspecto humano, porque, por mucha calidad técnica o física que tenga un chico, sino tiene la cabeza bien amueblada, se quedará por el camino. Algunos llegan, pero muy pocos. Da pena ver jugadores con mucha calidad en categorías regionales y descubrir que no han jugado en categorías superiores porque han tenido problemas personales, falta de educación, drogas, alcohol... en fin, la formación personal del futbolista es fundamental. Para que un jugador llegue al primer equipo del Barça, evidentemente ha de ser muy bueno futbolísticamente, pero sobre todo ha de estar bien formado a nivel personal, ha de estar preparado para asumir todo lo que supone jugar en el Barça".

De esta manera se enfocan los esfuerzos como segundos entrenadores en conocer bien y de forma individualizada cuatro aspectos fundamentales de la vida extradeportiva del joven jugador de fútbol:

- Entorno social
- Entorno familiar
- Desarrollo personal
- Evolución académica

Básicamente, el entorno social es la cultura y sociedad donde el joven nació y donde inicialmente se desarrolló; el entorno familiar es la influencia de su madre, padre y hermanos; el desarrollo personal es básicamente la personalidad, el carácter, la motivación y los valores del joven deportista; y la evolución académica es el rendimiento escolar.

Entorno social

Una definición de "Entorno Social" de Barnett & Casper (2001) se encuentra de la siguiente manera:

> *"Los entornos sociales humanos abarcan el entorno físico inmediato, las relaciones sociales y medios culturales dentro de los grupos definidos en función de las personas y el acto internacional. Los componentes del entorno social incluyen la infraestructura industrial y la estructura ocupacional; los mercados de trabajo; los procesos económicos; la riqueza y los servicios de salud; las relaciones de poder; de gobernación; las relaciones raciales; la desigualdad social; las prácticas culturales; las artes; las instituciones religiosas; y las prácticas y creencias sobre el lugar y comunidad. El entorno social subsume muchos aspectos del entorno físico, dado que los paisajes contemporáneos, los recursos sobre el agua y otros recursos naturales configuran al menos parcialmente por los humanos los procesos sociales. Incrustado dentro los entornos sociales están las historias sociales y relaciones de poder que se han institucionalizado a través del tiempo".*

A grandes rasgos se debe conocer donde nació, la procedencia de sus progenitores, y donde ha crecido en los últimos años. Si no se conoce la cultura de esta ciudad, región o país, habrá que informarse para al menos tener una noción de los siguientes aspectos: las costumbres culturales que influyen en su práctica deportiva, la lengua materna, la religión y los hábitos alimentarios.

Se pone como ejemplo un equipo alevín de la ciudad catalana de Tarragona. El primer día de pretemporada se han incorporado a la plantilla tres jugadores nuevos: *Mike que* viene de Los Ángeles (California, USA), *Hicham* de Tetuán (Marruecos) y *Juan* de Toledo (España):

- De *Mike* que viene de Los Ángeles, saber que en su país el pudor por la intimidad es mucho mayor que en nuestra **cultura**. Le costará mucho cambiarse de ropa y ducharse con el resto de compañeros ya que en su país de origen suelen venir cambiados de casa y se duchan en casa, su religión generalmente es como la nuestra, cristiana, habla el inglés americano (American English) y puede que entienda un poco el español por la fuerte influencia latina en el sur de California. Preguntar si sus padres son latinos o norte americanos puede ayudar también un poco a conocer mejor sus raíces y su **lenguaje**.

- De *Hicham* que viene de Tetuán, averiguar si habla otro idioma que no sea el árabe, si es musulmán de **religión**, y además si le influye en sus **hábitos alimentarios**, como por ejemplo que no pueda comer carne, sobre todo la de cerdo por el *haram*, y las restricciones en el mes del Ramadán, que por su fe y pos sus creencias practican el ayuno diario.

- De *Juan* que viene de Toledo, se conoce más fácilmente su cultura, siendo español y con un entorno social mucho más parecido al nuestro, comunicarse con él será simple en castellano, aunque el aprendizaje del catalán le será requerido sobre todo en la escuela obligatoria. La religión ni los hábitos alimentarios, no serán, a priori, ningún inconveniente para su adaptación en el grupo ni en la práctica deportiva.

Entorno familiar

Sin duda la familia es un elemento muy importante en la vida de las personas, los más cercanos como padre y madre, hermanos o tutor legal, son considerados como un factor determinante en la identidad y los planes de la gente. Según Coria *et al.*, (2012: 176) la familia es:

> *"La división más pequeña de la sociedad, o el grupo más íntimo al que puede pertenecer una persona. En ese grupo es donde el individuo se siente con más confianza y más identificado. Además, los valores, experiencias, tradiciones y costumbres de la familia impactan en la vida de cada uno de sus miembros y muchas veces definen el comportamiento que presentan cuando se encuentran fuera del círculo familiar".*

Hay información de los **padres** que habrá que dominar desde el inicio, saber si ambos padres siguen vivos o no, si alguno falleció y cuál fue la causa, conocer de dónde son madre y padre, si siguen casados o de lo contrario el niño ha sufrido una separación, si es reciente, si fue fácil o complicada. En los últimos treinta años los índices de divorcio siguen en aumento, según VanderValk (2005, en Coria *et al.*, 2012) el estado civil de los padres es un factor determinante en el comportamiento de los hijos. El divorcio de los padres puede traer diferencias en el comportamiento de los niños y puede continuar hasta la adolescencia o hasta que son adultos jóvenes. Además es importante averiguar si tienen un pasado (o presente) deportivo de alto rendimiento, sin duda esa información ayudará a entender mejor al joven jugador. Según Sharon (2011, en Coria *et al.*, 2012) el *habitus* que lleva al niño a hacer ejercicio es transmitido por la familia.

La influencia para un niño no viene solo dada por su madre y padre, sino también por sus **hermanos**. Es por ello que, saber si tiene hermanos sobre todo mayores, ayuda aún más a entender mejor al joven jugador, ya que para Christiansen (2008, en Coria *et al.*, 2012: 178):

> *"Dentro de los modelos de la familia se puede observar que los padres son el modelo de influencia para los hijos; pero en las familias donde hay varios hijos, los hermanos mayores pueden ser la mayor influencia para los menores. Esto no quiere decir que los menores serán iguales a los mayores, sino que hay una tendencia de los menores a aprender de los actos de los mayores y tomar diferentes caminos; así cada uno va construyendo una vida distinta a la de sus hermanos mayores. Esta es otra de las maneras en que dentro del círculo familiar hay otros actores de influencia para los jóvenes además de los padres. Si bien estas otras influencias son menos fuertes, no puede ignorarse su importancia en la toma de decisiones de los individuos".*

También cabe tener en cuenta, por los motivos que fueran, si son otros parentescos familiares o bien un **tutor legal** quienes se hacen cargo a efectos legales del joven jugador. En este caso saber quienes son nos aportará una información muy relevante y necesaria a la hora de realizar el seguimiento individualizado y de mantener un contacto con la persona adulta encargada legalmente del joven jugador.

Desarrollo personal

Se entiende por desarrollo personal el afán de superación que motiva a avanzar hacia delante, las dificultades que se encontrará cada persona en la vida irán forjando una personalidad (Arias *et al.*, 2008: 117-118):

> *"Para lograr crecer o avanzar se fijaran unas metas y en el logro de las mismas se encontraran dificultades, lo cual las hace más lejanas y menos accesibles. La reacción ante estos tropiezos determinará la pronta consecución de los objetivos,*

el éxito radica en aprender a reaccionar favorablemente ante los inconvenientes y aprender a superarlos".

Para analizar al joven jugador y conocer como es dentro y fuera de los terrenos de juego hay que enfocarse básicamente en tres aspectos de su forma de ser y actuar: los valores, el carácter y la motivación deportiva y académica.

Los **valores** que el deporte enseña son los que el jugador debe interiorizar y poner en práctica en los terrenos de juego y fuera de ellos. Los que se presta más atención mediante el comportamiento del joven jugador son sobre todo el respeto, el compromiso, el trabajo en equipo y el juego limpio.

El respeto se diferencia en respeto por el deporte (a uno mismo, al grupo, al rival, al árbitro, a las normas de juego, a los entrenadores, a los aficionados, al material e instalaciones, a la puntualidad en los horarios), y el respeto en la cultura (sexo, religión, raza, ideología). El compromiso está relacionado con el grado de implicación del jugador con el equipo, su sentido de pertenencia con el club y la humildad. El trabajo en equipo es un valor fundamental en un deporte colectivo y sin la colaboración de los compañeros es imposible participar, principal razón para que el joven jugador interiorice que forma parte de un equipo, un grupo de personas que deben ir unidas para conseguir unos logros comunes. El juego limpio es uno de los valores más de moda del fútbol (*fair play*), no hacer trampas ni engañar en el juego al árbitro, lanzar el balón fuera cuando un compañero o rival está tendido en el suelo por lesión, etc.

El **carácter** ha sido definido de muchas maneras, una muy reconocida es la de Santos (2004) diciendo que *"es el sello que nos identifica y diferencia de nuestros semejantes, producto del aprendizaje social"*, con un comportamiento único, un conjunto de reacciones y hábitos que a lo largo de la vida se van adquiriendo, ya que no se manifiesta de una forma definitiva, sino que tiene un proceso evolutivo que se va desarrollando hasta llegar a su completa expresión en el final de la adolescencia.

Existen diferentes tipos de carácter en las personas: el nervioso (cambia continuamente de intereses, muy entusiasta, falto de orden, disciplina y perseverancia, de poca voluntad, distraído y que se esfuerza solo cuando hay un interés propio); el sentimental (sensible y tímido, inseguro, reflexivo, con problemas de adaptación a los cambios y se viene abajo rápidamente ante las adversidades); el colérico (siempre ocupado, atrevido suele improvisar, precipitado, extrovertido, con arrebatos y abandonos ante el peligro no terminando lo que empezó, comprende rápidamente y se tensiona con facilidad); el apasionado (gran memoria, imaginación y capacidad de trabajo, siempre ocupado, estudioso, ordenado y metódico); el sanguíneo (se mueve por resultados a corto plazos, poco sensible, trabajador, suele mentir para conseguir sus objetivos, lo piensa todo con frialdad, es extrovertido y social, curioso, muy adaptable a cualquier ambiente); el flemático (dócil, tranquilo, reflexivo y metódico, callado, ordenado, le gusta trabajar solo, puntual y con buena aptitud); el amorfo (perezoso, desordenado, se deja llevar, despilfarrador, impuntual, poco entusiasta, social y extrovertido); y el apático (cerrado, melancólico, testarudo, perezoso, indiferente, poco interesado en actividades y pobre en ideas).

Mejor que catalogar el tipo de carácter que tiene el jugador, es más interesante indagar y conocer los aspectos más relevantes del su carácter: ambición, disciplina y resiliencia. La ambición es el entusiasmo por hacer las cosas, sus aspiraciones en el futuro; la disciplina es el cumplimiento de las normas que se establecen tanto dentro del deporte como en la sociedad; y la resiliencia es la capacidad de afrontar las adversidades saliendo reforzado y fortalecido, es la autosuperación y la autosuficiencia.

La **motivación** ha sido estudiada bajo diversas perspectivas teóricas (conductual, humanista y cognitiva), esto explicaría por qué se han realizado infinidad de definiciones. Si nos centramos en la etimología del término motivación, procede del latín *motus*, relacionado con aquello que moviliza a la persona para ejecutar una actividad. De este modo Naranjo (2009: 153-154) da una definición con una perspectiva muy adecuada:

> *"Proceso por el cual el sujeto se plantea un objetivo, utiliza los recursos adecuados y mantiene una determinada conducta, con el propósito de lograr una meta".*

Existen dos tipos de motivación en la vida del joven jugador de fútbol: la motivación por el deporte y la motivación académica. La motivación por el deporte se puede intuir en el joven según el grado de interés que tiene por la práctica deportiva, si está motivado por el entrenamiento, si presenta ilusión y alegría, si prefiere venir a los entrenamientos antes que quedarse en casa o realizando otra actividad, si su motivación es seguir practicando el fútbol por mucho tiempo, si quiere ser profesional, etc.

La motivación académica es la que el joven muestra por sus estudios en la formación escolar. Ésta puede ser adecuada e ir progresando curso a curso hasta finalizar la *Educación Primaria* (EP) y la *Educación Secundaria Obligatoria* (ESO) satisfactoriamente, incluso seguir con la *Educación Secundaria Postobligatoria* (Bachillerato y «FP» de grado medio) e iniciarse en la *Educación Superior* (estudios universitarios y «FP» de grado superior). Pero también puede que el joven vea su motivación reducida con el paso de los años y caiga en el *abandono escolar temprano* (su significado oficial es no seguir estudiando más allá de la ESO). Para detectar e incluso ayudar al joven jugador a que no abandone sus estudios, el segundo entrenador debe interesarse por su evolución académica, pidiendo las calificaciones trimestrales de los jóvenes jugadores. Con ello conocerá su evolución escolar, además de analizar sus bajones de rendimiento en la escuela, que detectará gracias a este seguimiento. Aunque éste no sea un profesor (o si lo sea en su jornada laboral), sí que es un claro educador y deberá incentivar a sus jugadores de forma individualizada a que sigan estudiando motivados, hacerles entender mediante las prácticas deportivas que su educación es fundamental para el desarrollo de cualquier persona, por supuesto también para los deportistas.

Es importante mantener la motivación por los estudios aunque muchos jugadores no se vean válidos para ello pero si en cambio para el deporte. Naranjo presenta una serie de acciones que influyen en la motivación del estudiante (2009: 166):

- *Ayudar a la persona estudiante a descubrir y confiar en sus capacidades y habilidades eliminando ideas erróneas que pueda tener respecto de su autoeficacia.*

- *Analizar la importancia de las actividades educativas y del aprendizaje en general para la vida.*

- *Facilitar experiencias de logro académico que favorezcan el auto concepto y la autoestima.*

- *Promover ambientes educativos que beneficien la dimensión afectiva, lo que evita así la aparición del aburrimiento, el estrés o la ansiedad que aumentan los sentimientos e ideas de fracaso y menoscaban la valoración personal y el rendimiento académico.*

- *Permitir la expresión de emociones que se viven cuando se enfrentan situaciones de fracaso y ayudar a eliminar aquellas ideas negativas o irracionales que podrían estar sustentándolas, de modo que la autoestima no se lesione.*

- *Eliminar las amenazas, castigos y humillaciones y, por el contrario, brindar espacios para la atención personal que permitan experimentar aceptación y respeto.*

- *Propiciar situaciones placenteras de tranquilidad y éxito, de modo que la persona se sienta segura y valiosa.*

- *Desarrollar procesos de enseñanza-aprendizaje que despierten el deseo de descubrir, conocer, experimentar y crear.*

- *Promover experiencias propicias para el desarrollo de la independencia, la resolución adecuada de problemas y la toma de decisiones autónomas.*

Evolución académica

Como se acaba de señalar, conocer el rendimiento académico del joven jugador es fundamental dentro de todo el proceso de enseñanza-aprendizaje que queremos aplicar en el futbol base. El segundo entrenador debe tener en su mano las **evaluaciones** de los jugadores para identificar si su rendimiento escolar es el adecuado, o si de lo contrario disminuye, ya que la práctica deportiva regulada ayuda en el desarrollo escolar y educativo del joven deportista. Para ello el club ha de implicarse en seguir la evolución académica del jugador y ayudarle en la medida de sus posibilidades. El simple hecho de pedir las notas a los jugadores de manera trimestral como norma de club, ayuda en su motivación por seguir estudiando eficazmente, ya que verá un nexo de unión entre fútbol y estudios. Si la gran motivación de un niño es jugar al fútbol, solo hay que ligarlo con el desarrollo educativo y escolar, una manera fácil, directa y eficaz es la de pedir las notas a todos los jugadores.

Después cada club ya debe tomar sus propias decisiones de cómo actuar cuando aprecia que el rendimiento escolar baja. Hay que ponerse en contacto con los padres y la escuela (triangulación) y actuar de manera coordinada, haciendo saber al joven que lo realmente importante en ese momento de su vida es la educación, que la motivación que muestra por la práctica del fútbol tiene que verse también reflejada en la escuela. Será de este modo, una necesidad básica el hacer entender a los jóvenes que por muy buen desarrollo deportivo que tengan, los estudios deben permanecer en su día a día, como un hábito tan o más importante que la práctica deportiva, aunque sea de alto rendimiento.

Ya he pronunciado en capítulos anteriores a Laureano Ruiz, un viejo conocido de *La Masia*, quien opina al respecto (Puig, 2009: 111):

> *"A los niños, hay que cuidarlos y formarlos, sobre todo, como personas. Te explicaré un caso que viví en Barcelona. Cuando fiché por el Barça, quise saber qué hacían los jugadores del Juvenil cuando no se entrenaban. Mi sorpresa fue enorme cuando escuchaba siempre la misma respuesta: «Míster, yo juego al fútbol». Me quedé horrorizado y pensé que tenía una gran responsabilidad. No todos llegarán a ser futbolistas profesionales... y qué pasará con su futuro? Hablé con la directiva y obligamos a los chicos a elegir entre dos opciones: trabajar o estudiar. Hemos de enseñarlos a jugar al fútbol, pero, sobre todo, hemos de formarlos como personas".*

Otro modo que desde los clubs se puede incentivar el estudio desde la práctica deportiva, y siguiendo con la triangulación, es pedir **tutorías** con los profesores o tutores de los centros escolares de nuestros jugadores para conocer de primera mano, no solo su evolución académica, sino su comportamiento y educación en la escuela. Si uno se para a pensar en el tiempo que un niño pasa en el colegio y se compara con el tiempo que pasa en el club, te das cuenta que éste es cuatro o cinco veces superior (depende de los días de entrenamiento a la semana). Esto quiere decir que, irremediablemente, todo aquello que le ocurre al niño en la escuela, le afecta en la práctica y el rendimiento deportivo.

Probablemente nunca nos hayamos parado a pensar en los efectos positivos que puede dar en los niños de un club de fútbol ver a sus entrenadores por su colegio. Sus caras de sorpresa sin duda no tienen precio. En ese mismo momento se están dando cuenta de lo importantes que son ellos para el club, que realmente importan, que se les cuida a nivel personal y no solo deportivo. Se dan cuenta que los estudios son importantes fuera de la práctica deportiva. Es en ese momento, en que la implicación del jugador crece por el club y por su educación. Cuando charlas con ellos antes, durante o después del entrenamiento y les comentas aquellas cosas de ellos que nunca hubieran pensado que sus entrenadores saben, aquellas cosas que pasan en el colegio. Ya no quedan solo allí, sino que además tienen efectos en su práctica deportiva. La información que aporta un profesor o tutor sobre su actitud en clase con los demás, sobre su comportamiento en el patio en la hora del recreo, sobre su nota sobresaliente en alguna asignatura en concreto, o de lo contrario de su bajo rendimiento en el segundo trimestre, sobre su pelea con un compañero; esa información es oro, ya que se podrá hacer servir en el momento que más convenga con el jugador.

El rendimiento escolar de un niño puede verse mejorado gracias a la implicación de un club deportivo, pero hay también un aspecto muy positivo con efecto retroactivo, y es el grado de pertenencia que tendrá el jugador hacia el club. Sin duda que éste y su familia al saber que su club está apostando fuerte por conocer y ayudarle en su proceso deportivo y extradeportivo (educativo), valorará con el paso del tiempo el esfuerzo realizado por todos los estamentos del club. Ello quiere decir, entre otras cosas, que defenderá con orgullo y pasión la camiseta que se viste el fin de semana, que si algún día recibe alguna oferta por otro club, su estima y apego por el actual sea tan grande que decida no dejarlo. Sin duda, es un gran valor que se puede conseguir a través de todas las medidas anteriormente comentadas para realizar un seguimiento individualizado del jugador. Éste será el gran baluarte del club, el gran hecho diferenciador con los demás clubs de alrededor, ya que todos enseñan a jugar al fútbol, mejor o peor, pero la mayoría no concentran sus esfuerzos en realmente formar y ayudar al jugador como persona y futbolista.

REFERENCIAS

- Abelairas, C., López, S., Rodríguez, D. (2012). La figura del entrenador y sus competencias en los deportes colectivos. *IV Congreso Internacional de Ciencias del Deporte y la Educación Física*. (VIII Seminario Nacional de Nutrición, Medicina y Rendimiento Deportivo), Universidad de Vigo, Universidad de Coruña y Universidad Pontificia de Salamanca. Pontevedra, España. 10-12 Mayo 2012.
- Ares, A. y Chicharro, F. (2005). *Manual para el entrenamiento de porteros de fútbol base*. Barcelona: Editorial Paidotribo.
- Barnett, E. and Casper, M. (2001). *A definition of "social environment"*. American Journal of Public Health, 91 (39). 465. Recuperado el 15 de febrero de 2016 de http://www.ncbi.nlm.nih.gov/pmc/articles/PMC1446600/pdf/11249033.pdf
- Bauer, G. y Ueberle, H. (1988). *Fútbol. Factores de rendimiento, dirección de jugadores y del equipo*. Barcelona: Ediciones Martínez Roca.
- Bdfutbol (2016). *Base de Dades Històrica de Futbol*. Recuperado el 21 de julio de 2016 de http://www.bdfutbol.com/
- Bebbington, J. (1979). *The young player's guide to soccer*. London: David & Charles Newton Abbot.
- Benítez, R. (1989). ¿Es el ordenador útil para el entrenador? *Ciencia y Técnica del Fútbol (I Congreso Internacional)*. Madrid. Escuela Nacional de Fútbol (RFEF), 24-28 Julio. 229-235.
- Benítez, R. (2013, 23 de agosto). La gestión de un club según Rafa Benítez. El Blog de Rafa Benítez. Recuperado el 29 de marzo de 2016 de http://www.rafabenitez.com/web/es/blog/la-gestion-club-segun-rafa-benitez/59/
- Binder, Th. and Brasse, M. (1998): *Football Dictionary*. Federation Internationale de Football Assocation. Heitersheim: FIFA.
- Bucher, W. and Bruggman, B. (2005). *1000 Ejercicios y Juegos de Fútbol Base*. Barcelona: Hispano Europea.
- Bumbel, O. (1982). *La Logística del Fútbol Actual*. Madrid: Esteban Sanz Martínez.
- Coca, S. (2006). El Mundo de los Valores Humanos en el Fútbol Base. *Training Fútbol. Revista Técnica Profesional* (128). 28-33.
- Cook, M. (1982). *Soccer. Coaching & Team Management*. Southampton: Lawrie McMenemy.
- Coria, A., Jasso, B., Gabriela, E. y De la Luz, P. (2012). *El entorno familiar y su Influencia en el plan de vida de los jóvenes en una universidad privada de Monterrey*, México. Intersticios. Revista Sociológica de Pensamiento Crítico, 6 (2). 175-190. Recuperado el 19 de abril de 2016 de http://www.intersticios.es/article/view/10460
- Crespo, D. (2006). *Deporte para el Desarrollo y la Paz*. Madrid: Naciones unidas.
- Cruyff, J. (2002). *Me Gusta el Fútbol*. Barcelona: RBA.

- CSD (2016). *Memoria 2014 de las Licencias y Clubes Federados*. Recuperado el 8 de abril de 2016 de http://www.csd.gob.es/csd/estaticos/asoc-fed/licenciasyclubes-2014.pdf
- Cudeiro, J. (2015, 4 de octubre), *La premier devalúa al "manager"*. El País. Recuperado el 2 de marzo de 2016 de http://deportes.elpais.com/deportes/2015/10/04/actualidad/1443976213_899604.html
- Del Mar, J. (2016, 29 de febrero). La escuela del Rayo. Tienen cerca de 1.000 niños. La sala de estudios está abierta hasta que llega el último padre. Sin ella, no podrían jugar. Recuperado el 29 de febrero de 2016 de http://www.marca.com/futbol/rayo/2016/02/29/56d47b0a46163ff65e8b4614.html
- Ecodiario.es (2013, 4 de diciembre). *El SMS de Mourinho a Karanka en el que le invitaba a irse del Real Madrid con él*. Recuperado el 26 de marzo de 2016 de http://ecodiario.eleconomista.es/futbol/noticias/5368672/12/13/El-SMS-de-Mourinho-a-Karanka-en-el-que-le-invitaba-a-irse-del-Real-Madrid-con-el.html
- Europa Press (2010, 17 de mayo). *Mourinho elogia a Van Gaal como uno des sus mentores*. Recuperado el 16 de abril de 2016 de http://www.marca.com/2010/05/17/futbol/liga_campeones/1274118273.html
- Fcf (2016). *Federació catalana de futbol*. Recuperado el 1 de mayo de 2016 de http://fcf.cat/
- FIFA (2016). *Grassroots. El entrenador-educador de fútbol*. Recuperado el 17 de marzo de 2016 de http://grassroots.fifa.com/es/para-entrenadores-educadores-de-futbol/direccion-tecnica-de-futbol-base/el-entrenador-educador-de-futbol/perfil-del-entrenador-educador-de-futbol.html
- FIFA (2016). *Grassroots*. Recuperado el 29 de julio de 2016 de http://grassroots.fifa.com/fileadmin/assets/pdf/grassroots_es.pdf
- FIFA (2016). *Reglamento sobre el Estatuto y la Transferencia de Jugadores*. Recuperado el 9 de abril de 2016 de http://resources.fifa.com/mm/document/affederation/administration/01/95/83/85/regulationsstatusandtransfer_2014_s_spanish.pdf
- Futbol Club Barcelona (2016). *Noticias. La Masia de visita a Montserrat*. Recuperado el 18 de abril de 2016 de http://www.fcbarcelona.es/futbol/formativo/detalle/noticia/la-masia-de-visita-a-montserrat
- Gimeno Martín, S. y Valero Iglesias, L. (1998). ¿El deporte educa? *Revista Puertas a la Lectura, 4*. 27-40. Universidad de Extremadura.
- Gomà, A. (1999). Manual moderno del entrenador de fútbol. Barcelona: Paidotribo.
- Gómez, L., (1999). Desarrollo y finalización de las acciones ofensivas. Análisis comparativo USA '94, Francia '98 y Liga española 98-99. *El Entrenador Español*. (83). 52-57.
- Hernández, J. (1998). *Fundamentos del deporte. Análisis de las estructuras del juego deportivo*. Barcelona: Inde.
- Hernández, R., Fernández-Collado, C., y Baptista P. (2007). *Metodología de la investigación* (4o ed.). México: McGraw-Hill.
- Juanmartí, T. (2016, 29 de febrero). *Unzué, el crack en la sombra del Barça*. Recuperado el 4 de marzo de 2016 de

- http://www.sport.es/es/noticias/barca/unzue-crack-sombra-del-barca-4937009
- Koch, W. and Kranspe, D. (1996). *Programas de entrenamiento. 14-15 años. Colección Fútbol*. Barcelon: Paidotribo.
- Lacuesta, F. (1997). *Tratado de fútbol. Técnica, acciones del juego, estrategia y táctica*. Madrid: Gymnos Editorial.
- LaLiga (2015, 12 de marzo). *Las canteras del fútbol español. El fútbol base es fundamental en la estructura del balompié español, y LFP.es hace un repaso de las canteras que más jugadores aportan a la Liga BBVA*. Recuperado el 13 de abril de 2016 de http://www.laliga.es/noticias/las-canteras-del-futbol-espanol
- Langlade, A. (1976). *Fútbol. Entrenamiento para la alta competencia*. Buenos Aires: Editorial Stadium.
- Liga BBVA (2016). *Entrevista a Enrique Castro "Quini": Al fútbol actual le falta educación*. Revista Líbero. Recuperado el 15 de marzo de 2016 de https://www.ligabbva.com/revista-libero/164501/quini-al-futbol-actual-le-falta-educacion/
- López, F. (2001). *Manual de iniciación y orientaciones metodológicas para escuelas de fútbol*. Sevilla: C.E.D.I.F.A.
- McCourt, F. (2006). *El profesor*. Madrid: Maeva Ediciones.
- Mera, J. (1975). *Fútbol. El arte de entrenar*. México: Libro-Mex Editores.
- Mombaerts, E. (2000). *Fútbol. Del análisis del juego a la formación del jugador*. Barcelona: Editorial Inde.
- Moreno, M. (1994a): *Táctica, estrategia y sistemas de juego*. Curso nivel 3. Escuela Nacional de Entrenadores. Madrid: Real Federación Española de Fútbol.
- Moreno, M. (2002). Estrategia futbolística. *El Entrenador Español* (95). 5-7
- Moreno, M. y García-Aranda, J. Mª. (1998). *La actividad física y deportiva extraescolar en los centros educativos. Fútbol*. Madrid: Consejo Superior de Deportes.
- Naranjo, M. (2009). *Motivación: Perspectivas teóricas y algunas consideraciones de su importancia en el ámbito educativo*. Universidad de Costa Rica. Revista Educación, 33 (2). 153-170. Recuperado el 19 de abril de 2016 de http://www.redalyc.org/pdf/440/44012058010.pdf
- Oliveira, B., Ameiro, N., Resende, N. y Barreto, R. (2007). *Mourinho. ¿Por qué tantas victorias?* Pontevedra: MCSports.
- Orts, F. (2005). *La gestión municipal del deporte en edad escolar*. Barcelona: Inde.
- Owen, B. (2016, 10 de febrero). *El descubridor de Vardy y Mahrez, una leyenda en el Leicester*. Recuperado el 11 de febrero de 2016 de http://www.sport.es/es/noticias/inglaterra/walsh-vardy-mahrez-leyenda-leicester-4887347
- P. De Knop, P. Wylleman, M. Theeboom, K. De Martelaer, L. Van Puymbroek and H. Wittock (1998). *Clubes deportivos para niños y jóvenes*. Málaga: Instituto Andaluz del Deporte.
- Pacheco, R. (2004). *Fútbol: La enseñanza y el entrenamiento del fútbol 7. Un juego de iniciación al fútbol 11*. Barcelona: Editorial Paidotribo.
- Pérez, M. (2004). *Entrenadores deportivos: La clave del éxito*. Sevilla: Wanceulen.

- Portilla, L., Arias, L. y Villa, C. (2008). *El desarrollo personal en el proceso de crecimiento individual*. Universidad Tecnológica de Pereira, Colombia. Scientia Et Technica, 14 (40). 117-119. Recuperado el 24 de marzo de 2016 de http://www.redalyc.org/pdf/849/84920454022.pdf
- Puig, A. (2009). *La força d´un somni. Els camins de l´èxit*. Barcelona: Plataforma Editorial.
- Ramírez, P. (2015). *Así lideras, así compites. Todo lo que necesitas saber para sacar lo mejor de tu gente*. Barcelona: Penguin Random House Grupo Editorial.
- Real Academia Española. (2016). Diccionario de la lengua española, edición del tricentenario. Recuperado el 1 de febrero de 2016 de http://dle.rae.es/?w=cantera
- Real Federación Española de Fútbol (2015). *Así ha sido la mañana de la primera jornada del II Curso de formación continua de la Licencia UEFA*. Recuperado el 11 de febrero de 2016 de http://www.rfef.es/noticias/rfef/minuto-minuto-no-te-pierdas-lo-que-esta-sucediendo-ii-jornada-formacion-continua
- Real Federación Española de Fútbol (2015). *Así ha sido el MINUTO A MINUTO de la segunda jornada del II Curso de formación continua de la Licencia UEFA*. Recuperado el 11 de febrero de 2016 de http://www.rfef.es/noticias/rfef/minuto-minuto-asi-transcurre-segunda-jornada-del-ii-curso-formacion-continua-licencia
- Real Federación Española de Fútbol (2016). *XXI Curso Superior de Formación de Directores Deportivos*. Marzo-Mayo 2016. Recuperado el 27 de abril de 2016 de http://www.rfef.es/formacion/curso-directores-deportivos
- Reverter, J., Ribera, D. y Picó, D. (2015). *Fundamentos de Francisco Seirul.lo Vargas para la Educación Motriz*. Recuperado el 27 de agosto de 2016 de
- http://www.entrenamientodeportivo.org/articulos/01_Libro_Fundamentos_Seirul_lo_para_Educacion_Motriz_18marzo2015.pdf
- Ruiz, L. (1986). *Fútbol: de la base a la cúspide*. Barcelona: Ediciones Deporte y Cultura.
- Santos, J. (2004). *La Ruta: un mapa para construir futuros*. El Salvador: Editorial de la Universidad de El Salvador.
- Sefutbol. Medio oficial selección española de fútbol (2013, 20 de agosto). *Toni Grande, el gran hombre detrás del Seleccionador*. Recuperado el 4 de abril de 2016 de http://www.sefutbol.com/toni-grande-gran-hombre-detras-del-seleccionador
- Silva, D. (2011). *Práxis de las acciones a balón parado en fútbol. Revisión conceptual bajo las teorías de la praxiología motriz*. Tesis Doctoral. Tarragona: URV (Dir. Dra. Carmen Pérez).
- Simon, J. and Reeves, J. (1997). *Fútbol. Jugadas a balón parado*. Barcelona: Hispano Europea.
- Sport.es (2012, 19 de noviembre). *Así fue la primera charla de Guardiola en el Barça*. Recuperado el 30 de agosto de http://www.sport.es/es/noticias/barca/asi-fue-primera-charla-guardiola-barca-2253161#
- Suanzes, P. (2014, 19 de enero). *Running, una fiebre multimillonaria*. Recuperado el 29 de enero de 2016 de http://www.elmundo.es/economia/2014/01/19/52daf5db22601d436e8b4574.html

- Suárez, O. (2011). *Palabra de entrenador. Reflexiones, anécdotas y método de los mejores técnicos del fútbol español.* Barcelona: Editorial Córner.
- Taylor, J. B., James, N. and Mellalieu, S. D. (2005): National analysis of corner kicks in english premier league soccer. Science and Football V. *The procedings of the fifht world congress on science and football*, edited by T. Reilly, J. Cabri and D. Araújo. Cornwall: Routlegde. 225-230.
- Tzu, S. (siglo IV a. C.). *El arte de la guerra.* Edición de J.R. Ayllón. Madrid: Mr. Ediciones.
- Warren, W. and Danner, G. (2004). *Fútbol: Guía de supervivencia del entrenador de fútbol. Técnicas de entrenamiento y estrategias para elaborar una planificación eficaz y un equipo ganador.* Barcelona: Editorial Paidotribo.
- Wein, H. (2004). *Fútbol a la medida del niño.* Madrid: Gymnos.
- Wikipedia. La enciclopedia libre (2016). Recuperado el 20 de julio de 2016 de http://www.wikipedia.org

www.ingramcontent.com/pod-product-compliance
Lightning Source LLC
Chambersburg PA
CBHW081130170426
43197CB00017B/2812